あなたに必要な
ストレッチがわかる本

中野ジェームズ修一 監修

この本の見方 ……………………………………………………… 14

ストレッチとはどういうものか？ ……………………………… 16

ストレッチの種類 ………………………………………………… 18
スタティック（静的）ストレッチング／ダイナミック（動的）
ストレッチング

目的別のストレッチについて …………………………………… 20
立ち仕事の人のためのストレッチ
座り仕事の人のためのストレッチ
アンチエイジングを目的としたストレッチ
ランナーのためのストレッチ

ストレッチの基本メソッド ……………………………………… 24
骨盤に関して／リラックスと呼吸／ヒザをロックしないための
体温を暖める／30秒＝テレビCM1本分／習慣化

身体の仕組みを知る ……………………………………………… 28

筋肉マップ ………………………………………………………… 32

2　CONTENTS

立ち仕事の人のための ストレッチ 40

骨盤周辺のダイナミック・ストレッチング 42

腰ほぐし 前後
- 骨盤の前傾・後傾 -

腰ほぐし 左右
- 骨盤の側屈 -

腰ほぐし 回転
- 骨盤の回旋 -

背骨ほぐし 上下
- キャットロール -

背骨をほぐす 左右
- 脊柱の側屈 -

背骨をほぐす 回転
- 脊柱の回旋 -

上体を後ろに反ると腰が痛い人 54

腸腰筋をほぐす 骨盤前傾型
- 腸腰筋のストレッチ -

大腿四頭筋をほぐす 骨盤前傾型
- 大腿四頭筋のストレッチ -

腰・背中・首をほぐす 骨盤前傾型
- 腰・背中・首のストレッチ -

上体を前に倒すと腰が痛い人 ……………………60

ハムストリングスを伸ばす 骨盤後傾型
- ハムストリングスのストレッチ -

お尻の筋肉を伸ばす 骨盤後傾型
- 大臀筋のストレッチ -

お腹の筋肉を伸ばす 骨盤後傾型
- 腹直筋のストレッチ -

腰の下をほぐす 骨盤前傾型
- 腰の抱え込みストレッチ -

腰の筋肉をほぐす 骨盤前傾型
- 腸腰筋のストレッチ -

太ももの筋肉をほぐす 骨盤前傾型
- 大腿四頭筋のストレッチ -

お腹の筋肉を伸ばす 骨盤後傾型
- 腹直筋のストレッチ -

タオルで太ももの裏伸ばし
- ハムストリングスの静的ストレッチ -

お尻の筋肉伸ばし
- 臀部の静的ストレッチ -

上体を横に倒すと腰が痛い人 ········· 78

身体を左右に倒して体幹を伸ばす
- 体幹部の静的ストレッチ -

身体を倒して下半身を伸ばす
- 大腿筋膜張筋・中臀筋の静的ストレッチ -

横になって行なうお尻周りのストレッチ
- 大腿筋膜張筋の静的ストレッチ -

座って行なう体幹ストレッチ
- 体幹部の静的ストレッチ -

ヒザ立ちからの内ももストレッチ ················· 86
- 内転筋群の静的ストレッチ -

片脚を伸ばして股関節をほぐす
- 内転筋群の静的ストレッチ -

仕事場でできるふくらはぎのストレッチ
- 腓腹筋の静的ストレッチ -

台座を使ったふくらはぎのストレッチ
- 腓腹筋の静的ストレッチ -

仕事場でできるふくらはぎのストレッチ
- ヒラメ筋の静的ストレッチ -

タオルを使ったふくらはぎのストレッチ
- ヒラメ筋の静的ストレッチ -

CLUMN　持続させる方法 ················· 98

座り仕事の人のための
ストレッチ 100

仕事の合間にできる静的ストレッチ 102

座りながら太ももの裏側伸ばし
- ハムストリングスの静的ストレッチ -

座りながら腰と背中を伸ばす
- 腰、背中の静的ストレッチ -

座りながらできるお尻伸ばし
- 臀部周辺の静的ストレッチ -

座りながら脚の付け根伸ばし
- 腸腰筋の静的ストレッチ -

腕の裏伸ばしで疲労を取る
- 上腕三頭筋の静的ストレッチ -

座ったままで首のストレッチ
- 頸部の静的ストレッチ -

座りながら胸を伸ばす
- 大胸筋の静的ストレッチ -

イスを使って腕の内側を伸ばす
- 上腕・前腕の静的ストレッチ -

お尻周りや下半身の違和感を予防
- 梨状筋＆臀部周辺の静的ストレッチ -

自宅でやりたい静的ストレッチ 120

自宅でやりたい股の内側伸ばし
- 内転筋群周辺の静的ストレッチ -

自宅でやりたい腰周り伸ばし
- 腸腰筋＆体側の静的ストレッチ -

腰周りの疲れを取る丸まりストレッチ
- 脊柱起立筋＆腰背部周辺の静的ストレッチ -

仕事の合間にできる動的ストレッチ 126

背中・体側周りの動的ストレッチ
- 脊柱の動的ストレッチ -

イスに座ったまま固まった背中の張りほぐし対策
- 肩甲骨周辺の動的ストレッチ -

デスクでできる肩関節くるくる体操
- 肩関節周辺の動的ストレッチ -

仕事の合間にできる肩や首周りのコリ対策
- 肩関節周辺の動的ストレッチ -

仕事の合間にできる筋弛緩法 134

筋弛緩法で簡単に肩・首のリラックス
- 上半身の脱力ストレッチ1 -

バンザイポーズで背中・肩をほぐす
- 上半身の脱力ストレッチ2 -

CLUMN　ストレッチと食事の関係 138

アンチエイジングを目的としたストレッチ ·····140

老人姿勢を撃退する静的ストレッチ ·················142

壁を使ってふくらはぎをストレッチ
- 腓腹筋のストレッチ -

本を使ってふくらはぎをストレッチ
- 後脛骨筋のストレッチ -

四つん這いで股関節をストレッチ
- 内転筋群のストレッチ -

片ヒザ立ちで伸ばす太ももの裏のストレッチ
- ハムストリングスのストレッチ -

うつぶせで太ももの筋肉をストレッチ
- 大腿四頭筋のストレッチ -

タオルを掲げて脚の付け根をストレッチ
- 腸腰筋のストレッチ -

脚の外側を伸ばすストレッチ
- 大腿筋膜張筋のストレッチ -

身体をひねってお尻のストレッチ
- 梨状筋のストレッチ -

身体を丸めて背中をストレッチ
- 脊柱起立筋のストレッチ -

ダンベルを使って側屈ストレッチ

- 腰方形筋のストレッチ -

タオルでバンザイ胸のストレッチ
- 大胸筋のストレッチ -

首の筋肉をストレッチ
- 僧帽筋のストレッチ -

頭を引いて首をストレッチ1
- 肩甲挙筋のストレッチ -

頭を引いて首をストレッチ2
- 胸鎖乳突筋のストレッチ -

あっち向いてホイストレッチ
- 斜角筋のストレッチ -

CLUMN スポーツに関するクールダウンについて ·····172
CLUMN ストレッチでヤセ体質になるか？ ··················174

ランナーのための ストレッチ 176

ウォーミングアップ・動的ストレッチ 178

ストライドを広げる脚振りストレッチ前後
- レッグスイング フロント＆バック -

ストライドを広げる脚振りストレッチ左右
- レッグサイドスイング -

ストライドを広げる脚回しストレッチ
- レッグサークルスイング -

ストライドを広げるシコ踏み風ストレッチ
- 四股水平運動 -

横ステップの腰落としストレッチ
- サイドランジ＆ニーリフト -

後ろステップの腰落としストレッチ
- バックランジ＆ニーリフト -

上体ひねり歩き
- コンパウンドランジウォーク -

肩周りを滑らかに操作する肩甲骨コントロール術
- 肩関節の前後開閉運動 -

肩甲骨周りの動的ストレッチ
- 肩甲骨の垂直引き上げ運動 -

クールダウン・静的ストレッチ ……………………196

肩甲骨周りのストレッチ
- 肩甲骨周辺の静的ストレッチ -

弓なりポーズで一度にたくさん伸ばす
- 体側の静的ストレッチ -

ふくらはぎの静的ストレッチ
- 下腿三頭筋のストレッチ -

症状別の障害予防ストレッチ ……………………202

腰痛症の原因と対処法
腰痛を予防する腰周りのストレッチ
- 腰部、臀部周辺のストレッチ -

腰の痛みや足のしびれを引き起こす梨状筋症候群・恥骨
結合炎等
腰周りの違和感解消ストレッチ
- 梨状筋の静的ストレッチ -

お尻に効く身体折り曲げストレッチ
- 臀部、股関節周辺の静的ストレッチ -

すねの辺りが痛いシンスプリント等の原因と対策
すね痛予防正座ストレッチ
- 前脛骨筋のストレッチ -

正座で足裏伸ばしストレッチ
- 足底筋群の静的ストレッチ -

ヒザ下の内側が痛い鵞足炎（がそくえん）
ヒザ痛予防伸脚ストレッチ
- ハムストリングスの広範囲ストレッチ -

太もも全体をストレッチ
- 大腿四頭筋のストレッチ -

太もも裏の筋肉をストレッチ
- ハムストリングスの静的ストレッチ -

ランナーズニー（腸脛靱帯炎）等の原因と予防
タオルを使ってヒザ周りのストレッチ
- 大腿筋膜張筋の静的ストレッチ -

アキレス腱炎、断裂等
座って行なうふくらはぎ下部のストレッチ
- ヒラメ筋の静的ストレッチ -

障害予防トレーニング ……………234

ランニングの障害予防トレーニング
足の指を操作し足裏のアーチを保つ
- タオルギャザー -

足関節周囲の筋力トレーニング
- ヒールレイズ -

片脚で行なう下半身トレーニング
- ワンレッグスクワット -

CLUMN ストレッチをして歪みを改善するとヤセやすく
なるのか？ ……………242

株式会社 スポーツモチベーション·····································244

この本の見方

正しいストレッチを行なうために…

本書では職業別やアンチエイジングを目的としたストレッチ、スポーツに関するストレッチ方法を細かく紹介しています。ここではそれぞれのストレッチを効率よく行なうために、誌面の各部分を解説します。正しいストレッチで効率よくセルフマネジメントしましょう。

1 INDICATOR
本書では、ダイナミック（動的）、スタティック（静的）、筋弛緩法、トレーニングの4つをメインに構成しています。ここを見れば一目でどの運動かが把握できます

2 STRETCH NAME
どこの筋肉をストレッチするかが分かるように、ここではストレッチの名称を表記。ターゲットにも連動しているので、しっかり把握しておきましょう

3 TARGET
伸ばす筋肉の部位を示しています。また、ここで紹介している筋肉がどのような筋肉か、どういった働きをするか等についても記載されています

4 POINT
正しくストレッチするために、チェックしたい部分をここで解説しています。より効率よく各部をストレッチするためにもしっかりチェックしておきましょう

5 SP（ストレッチポイント）
各ストレッチで伸びている筋肉の部分を示しているのがストレッチポイント。このポイントを意識して行ないましょう。一部TP（トレーニングポイント）があります

6 VARIATION
ストレッチ効果を上げたり、身体が固い方向けのバリエーション例を紹介します。よりストレッチ効果が高められたり、行ないやすくなる場合があります

7 NG
ありがちな悪い例や、場合によっては悪い例になる形を指摘します。正しいやり方でストレッチできていないとしっかりとターゲットを伸ばすことができません

ストレッチとはどういうものか？

　ストレッチとは筋肉を伸張させること。

　関節の周辺には必ず筋肉が存在し、その筋肉が収縮・伸張を繰り返すことによって生物は動作できます。しかしその筋肉は何らかの要因が重なることによって、硬くなってしまいます。硬くなる原因は多岐にわたり、まだ明確に解明されていない部分も多々あります。今回本書で紹介するストレッチは多くある要因の中でも、下記の３つに関与するものから考えて構成しました。

1 筋力低下によるもの
2 使いすぎによるもの
3 筋温の低下によるもの

・人間は加齢によって筋力が低下するという明確なエビデンス（根拠）は存在しないことをご存じでしょうか？　筋力低下のほとんどは活動量の低下によるものが真実と考えられています。これは、全く運動しない20代の人よりも、週３回トレーニングしている60代の人の方が筋力があることからも納得いただけるはずです。

・長時間、長期間繰り返して一部分の筋肉ばかりを酷使して使う（例えば同じ運動ばかり過剰に行なっている）と筋のバランスが悪くなり硬くなってしまいます。

・筋温が低下していると筋の粘性が高くなります。つまり関節の動きへの抵抗が強くなり、可動域に制限がかかってしまいます。身体を温める準備運動は「ウォーミングアップ」といわれるようにまさに筋肉の温度をあげ、筋の粘性を低くして抵抗を弱める事を目的としています。

以上の要因によって関節周辺にある筋肉が硬くなると、可動範囲に制限がかかってしまいます。しかし多くの人は制限がかかっていなかったとき(例えばもっと若かった時と仮定しましょう)の自分の可動範囲のイメージをもったまま、同じ動作をしてしまいがちです。そうすると、損傷が起きるのは当たり前です。怪我の予防にもストレッチが重要だといわれている意味がここにあります。

ストレッチは万能ではありません。「痛みがある＝ストレッチをしなければならない」では決してありません。「痛み」と一口に言っても、筋や腱・靭帯が損傷している場合もあります。その場合ストレッチを行なうと、確実に悪化させてしまいます。痛みや腫れ、内出血がある時等はまず医師の診断を受けてください。

ストレッチの種類

ストレッチは、静止した状態で筋肉を伸張させるスタティック(静的)ストレッチングと、準備運動として行なうと良いとされるダイナミック(動的)ストレッチングの2種に大別できます。ここでそれら2つのストレッチの違いを解説。

スタティック(静的)ストレッチング

　効果的で安全・確実に関節の可動域を広げることができる代表的なストレッチ方法の一つです。他のストレッチ方法と違って比較的習得しやすいのも特徴です。

　筋肉はすべて骨に付着していて、体の中心部に近い側の付着部を起始部、遠い側を停止部と言います。静的ストレッチのポイントは、この起始部と停止部の距離をできるだけ離す事がポイントです。しかし、筋の長さには限界があります。そのため、離し過ぎてしまうとその反動(伸張反射)で、かえって硬くさせてしまうばかりか、損傷の原因にもなります。適度な範囲で静止した状態で伸張(ストレッチ)しましょう。

ダイナミック(動的)ストレッチング

　動きのあるストレッチの方法です。主にスポーツのウォーミングアップで利用されますが、各スポーツにおける特有の動作を考慮して専門家が構成するのが一般的です。方法としては、関節を小さな動きから徐々に大きな動きへと変化させていきます。結果、筋温が上昇し、筋の粘性は下がり、関節の動きがスムーズになります。静的ストレッチを準備運動で行なっている方が多いと思いますが、筋の粘性が高い状態で無理に伸張させても可動域は広がりません。準備運動＝動的ストレッチ、運動後＝静的ストレッチと考えましょう。それでも準備運動で静的なストレッチを行ないたい方は外気温が何度であれ、最低でも15分以上の動的ストレッチやジョギングなどの有酸素運動を行なってからであれば比較的安全でしょう。

目的別のストレッチについて

本書では、ビジネス、スポーツ、アンチエイジングに対応したストレッチメソッドを細かく紹介しています。それぞれの目的に当てはまるストレッチを参考に、セルフマネジメントしていきましょう。

立ち仕事の人のためのストレッチ

　長時間立ち仕事をすることによって疲労が感じやすい方は、下肢の筋持久力不足だけでなく、骨盤のアライメントが崩れている事が原因の場合が多いようです。骨盤が歪む事によって腰椎等の脊柱の正常な湾曲が崩れ、張りをもたらします。ここでは最初の動的ストレッチによって骨盤と脊柱を動かし、正しいアライメントへと導きます。また静的なストレッチによってアンバランスだった骨盤周辺の筋肉の柔軟性を取り戻し、根本的な原因を改善していきます。他にも仕事中等に立った状態でもできるふくらはぎのストレッチも紹介しています。

座り仕事の人のためのストレッチ

　長時間座ったままでいると血行が悪くなり、疲労の蓄積から作業効率も下がります。ストレッチを行なうことで、縮んでいる筋肉を伸ばし、ゆっくり元に戻す事によって血流を良くし、スッキリとした感覚を得られます。この章では、腰や背中、肩周辺の張りを軽減させることをメインに構成しています。最初は動的なストレッチから始め、温まってきたと感じたら静的なストレッチをすると良いでしょう。椅子に座って行なうものだけでなく、床に寝て行なうものもありますので、ご自分のワークスタイルに合わせて選んでください。

アンチエイジングを目的としたストレッチ

　年齢が高くなり活動量が減ると、退化した筋線維が線維性の結合組織に替えられる現象がみられるようになります。このことを「線維症」と言います。この現象を予防するにはストレッチだけでなく、定期的な運動で筋力を高めることによって予防できます。本書で紹介している「アンチエイジングを目的としたストレッチ」は特に姿勢維持に関与する、一般的に年齢と共に硬くなりやすいといわれている筋肉のストレッチのみで構成されています。線維症を予防するには筋力トレーニングも必要であることを忘れないようにしてください。

ランナーのためのストレッチ

準備運動で行なって欲しい、動的ストレッチ
・関節の可動域を広げ、より大きなストライドでスムーズに走れます。
・走る動作で使われる筋肉に重点をおき、パフォーマンスを

発揮させる準備が整います。
・筋温が上がることで関節への抵抗が減り、障害等の予防になります。

ランニング後に行なって欲しい、静的ストレッチ

　柔軟性低下が原因として考えられるランニング障害を挙げ、予防のためのストレッチを紹介しています。症状が出てから行なうのではなく、普段からランニングの後に習慣として行なうことで予防になります。特にランニング初心者に多い障害「すねの周りの痛み（シンスプリント）」や「足裏の痛み（足底筋膜炎）」の予防はとても重要です。またランニング上級者に多い障害は「腸脛靱帯炎」や「鵞足炎」等があります。これらの予防に役立つストレッチは見慣れないポーズが多いので是非覚えてください。もし障害を起こしてしまったら…まずは練習量を減らす・休息する・医師の診断を受けることを忘れないようにしてください。

ストレッチの基本メソッド

ここでは、ストレッチに関して覚えておきたい基本的な知識を6つのカテゴリーに分けて紹介していきます。
それぞれが大切な要素であるため、しっかりと頭に入れておきましょう。

骨盤に関して

　太ももの裏側にあるハムストリングスや太ももの前側にある大腿四頭筋等、多くの筋肉が骨盤と繋がっています。骨盤は長方形の箱だとイメージしてください。この箱をどのように傾けるかによって、ストレッチさせたい筋肉が充分に伸張できるかが大きく変わってくる場合があります。骨盤を前傾させる(腸骨を前にだし出っ尻のようにすること)、後傾させる(ソファーに座った時のように恥骨が上に向くようにすること)等の注意点を見落とさないようにしてください。

リラックスと呼吸

　筋線維の中には筋紡錘(きんぼうすい)といわれる筋肉の長さを感知するセンサーが存在します。このセンサーはゆっくり筋肉を伸ばすとセンサーのロックがOFFになり伸張してくれま

す。しかし、いきなり強く伸ばすとONになり収縮してロックがかかります。これを伸張反射と呼びます。ストレッチで重要なのは、この筋紡錘をONにしないようにリラックスした状態で、ゆっくりと息を吐きながら伸張させることが大切です。

ヒザをロックしないための

　ヒザ関節を伸ばす伸展状態から、さらに押しつけるようにして完全に伸ばしきってしまう事を過伸展といいます。この状態はヒザ関節の保護の意味からもあまりオススメできません。ヒザは軽く曲げておく程度にしてストレッチを行なった方が安全な場合があります。しかし、場合によってはヒザ関節をしっかり伸ばす事により、よりストレッチ感が味わえる場合もあります。ご自分のヒザの状態を確認しながら、曲げる、また伸ばす角度を決めてください。

体温を暖める

　筋温が低下している時には筋の粘性が高く、安全で効果的にストレッチ（伸張）させることができません。ウォーキングやジョ

ギングといった、軽い有酸素運動等で筋肉を充分に温めてから静的なストレッチを行なう必要があります。また、入浴後は筋温がかなり上昇しているので、まさにストレッチのベストタイミングといって良いでしょう。入浴によって筋の緊張がほぐれ、弛緩と伸張を同時に起こしやすくなるため、効率的に柔軟性を上げることができます。また、浴槽に浸かりながらのストレッチは、浮力によって陸上ではできないポーズも楽にできるでしょう。

30秒＝テレビCM1本分

　ストレッチする時間に関しては諸説あります。これは個人差があるため、時間とストレッチの関係から、その効果を明確に示すことが難しいからです。よって私が所属しているアメリカスポーツ医学会のガイドラインや、私の長年の指導現場での経験値から、一部位につき30秒という目安を作りました。しかし、これは絶対値ではありません。一部位につき、5秒程度では効果が出ない、また5分以上では長続きしない可能性がある、よって30秒ぐら

いは伸ばして欲しいという目安として捉えてもらえればと思います。筋トレではないので、本を読みながら、テレビを見ながらという、「ながら」でできるのがストレッチの手軽さであり、魅力でもあります。

習慣化

短時間・短期間でストレッチを行なっても一時的な柔軟性しかアップしません。これは筋線維を取り囲んでいる筋膜しか伸ばされておらず、根本的に筋線維の長さが伸びたことにはなっていないからです。持続的・継続的に行なうことによって筋線維内のサルコメアという収縮装置（20ミクロン）の数が増え、結果筋線維が長くなり柔軟性がアップするのです。筋トレは毎日やる必要はありませんが、ストレッチは歯を磨くのと同じ、生活習慣の一部として行なってこそ始めて効果が出ます。ストレッチをしているが一向に柔軟性が上がらないという方が多くいますが、この習慣化ができていない場合が一番多いようです。

身体の仕組みを知る

肩甲骨と骨盤の仕組みを覚えることで、ストレッチ効果を上げ、関節への負担を減らすことができます。ここで、2つの骨の動きを解説するので、しっかり把握しておきましょう。

肩甲帯とは…

鎖骨と肩甲骨を合わせて肩甲帯と呼びます。上腕骨（腕の骨）と肩甲帯は必ず連動して動いています。例えば、腕を上げる動作では上腕骨だけが上に上がるのではなく、常に肩甲帯も一緒に連動して動いているのです。この肩甲帯の動きを理解していると、ストレッチのポーズで多い腕の上げ下げといった動作の時に、より筋が伸びやすくなったり肩関節への負担を減らすことができます。

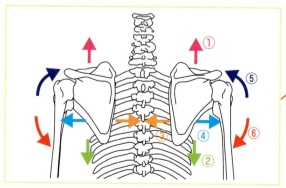

肩甲骨

肩をすくめるように肩甲骨を上げる動きを挙上①。肩甲骨を下方に肩を引き下げる動きが下制②。肩甲骨が脊柱から内側に向かっていく動きが内転③。逆に外側に向かって離れていく動きが外転④。肩甲骨の下の部分が上方に向かっていく動きが上方回旋⑤。逆に下方に向かっていく動きが下方回旋⑥となります。

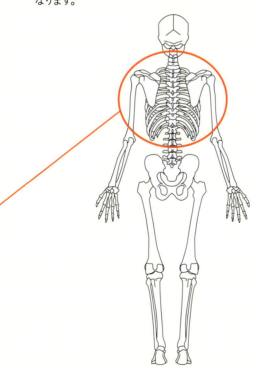

骨盤とは…

内蔵を納めている逆三角形のバスケットのような形状をしているのが骨盤です。この骨盤が前後・左右に傾くことにより股関節や腰椎が連動して動きます。つまり股関節を曲げる（屈曲）、伸ばす（伸展）や腰椎を曲げる（前屈）、反る（後屈）等の動きに骨盤も関与するということです。ストレッチのポーズを取る際、骨盤をどのように傾けるかによって伸び感が大きく変わってくる場合があります。

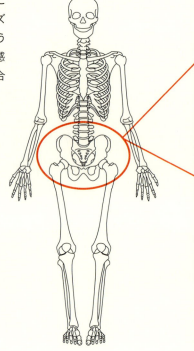

骨盤 側面

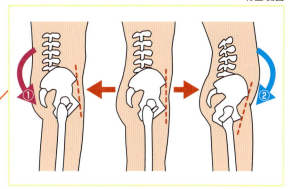

骨盤が①のように後ろに傾いている状態を後傾。②のように前に傾いている状態を前傾と言います

骨盤 前面

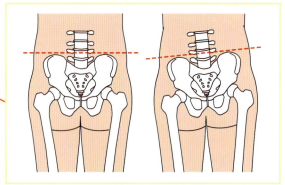

骨盤が右図のように傾くことを側屈と言います。左右ともに側屈します

筋肉マップ

-各部位の筋肉を知る-

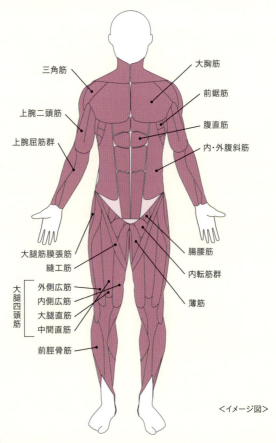

<イメージ図>

ストレッチとは、簡単に言えば、筋肉を伸ばす運動のことです。そのため、身体の各部の筋肉の名称を把握しておくことは大切なことだと言えます。ぜひ、覚えておきましょう。

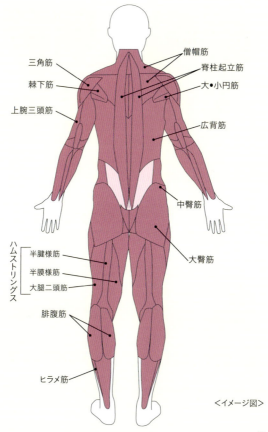

<イメージ図>

各筋肉の動きと役割

■胸鎖乳突筋・斜角筋

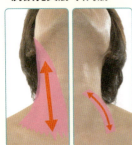

胸鎖乳突筋は、首を曲げたり回転させる際に働きます。首を傾ける際等に使用するのが斜角筋です

■板状筋・肩甲挙筋

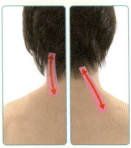

後頸の深部に位置するのが板状筋。頸椎と肩甲骨を繋ぐ筋肉を肩甲挙筋と言います

■僧帽筋・菱形筋

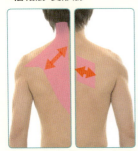

首から背中の上部にかけて広い面積を持つ筋肉が僧帽筋。肩甲骨付近にある菱形の筋肉が菱形筋

■大胸筋

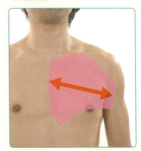

胸部を覆うように付いている筋肉。上腕骨、肋骨、鎖骨を繋ぐ筋肉です。腕を動かす時に必要です

各筋肉の動きと役割

■上腕二頭筋

二の腕の内側にある筋肉。ヒジを曲げた時にできるコブを"力コブ"と呼ぶように、ポピュラーな部分

■上腕三頭筋

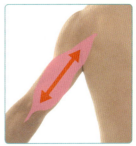

上腕部にある、ヒジを伸ばす際に使用する筋肉です。外側頭、長頭、内側頭から構成されています

■前腕伸筋群・前腕屈筋群

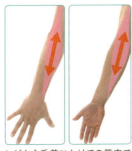

ヒジから手首にかけての筋肉です。手を握ったり開いたりする動作や、手首を動かす際に使用します

■三角筋

肩の筋肉の1つで、比較的大きな面積を持ちます。また、腕を前後左右に動かす、可動域の広い筋肉

各筋肉の動きと役割

■広背筋

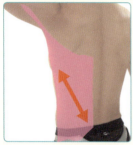

背中から脇腹にかけての筋肉です。腕を身体に引きつけたり、物を引っ張る際に使用します

■腹直筋

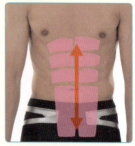

腹部前面の筋肉で、腹筋とも呼ばれます。主に身体を前後に倒す時に使う筋肉です

■内・外腹斜筋

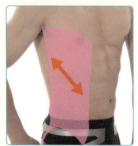

肋骨から恥骨にかけて真っすぐに伸びる腹直筋に対して、お腹の横から斜めに走っている筋肉です

■脊柱起立筋

首から腰にかけて、背中の中心に縦に流れている筋肉です。姿勢を維持するための筋肉でもあります

各筋肉の動きと役割

■腸腰筋

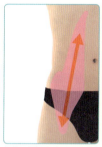

身体の深部にある、大腰筋と腸骨筋からなる筋肉。上肢と下肢をつなぐ大きな筋肉です

■腰方形筋

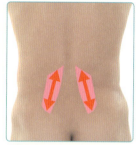

骨盤を支えるように存在するのが、腰方形筋です。骨盤の引き上げや体幹の側屈時に使用する筋肉です

■大臀筋・梨状筋

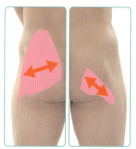

臀部に位置する筋肉。腰部と下半身をつなぐ筋肉でもあります。姿勢等にも密接に関係します

■中臀筋

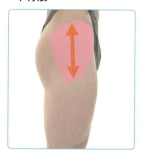

股関節の外転、内旋に使用する中臀筋。足を外側に広げる時等に使用する筋肉です

各筋肉の動きと役割

■大腿四頭筋

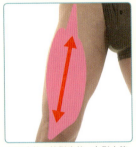

大腿直筋、外側広筋、内側広筋、中間広筋という4つの筋肉から構成される、面積の大きな筋肉です

■ハムストリングス

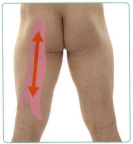

太ももの裏側にある筋肉の総称。大腿二頭筋、半腱様筋、半膜様筋の3つの筋肉から構成されます

■内転筋群

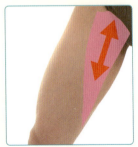

恥骨にある筋肉で、股関節を内転させたり、屈曲させる際、また回旋するのに使用する筋肉です

■大腿筋膜張筋

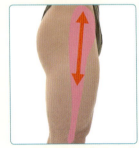

大腿上部の外側に位置する筋肉。股関節の屈曲、ヒザ関節の伸展を行なうのが大腿筋膜張筋

各筋肉の動きと役割

■腓腹筋

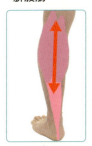

ふくらはぎにある筋肉で、ヒザを屈曲させる際等に使用する筋肉を腓腹筋と呼びます

■ヒラメ筋

腓腹筋と連動している筋肉がヒラメ筋です。形状が魚のヒラメに似ていることから、そう呼ばれます

■前脛骨筋

前脛骨筋は、スネに位置する筋肉で、歩いたり、走ったりする際に使用される筋肉です

■後脛骨筋

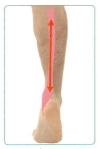

ふくらはぎの深層に位置し、足底のアーチを作るために働く筋肉の1つとも言われています

■足底筋群

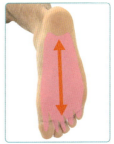

脚の裏の筋肉で、足を上げたり、地面を踏むという動きに合わせて収縮し、体重を支えます

立ち仕事の人のための
ストレッチ

長時間立ちっぱなしで仕事をしていると腰痛や肩こりに悩まされることがあると思います。ここでは、それらの予防や軽減につながるストレッチを紹介していきます。

警告

■ この本は、習熟者の知識や運動、技術をもとに、編集時に読者に役立つと判断した内容を記事として再構成し掲載しています。そのため、あらゆる人が本書で紹介している運動を成功させることを保証するものではありません。よって、出版する当社、および取材先各社では運動の結果や安全性を一切保証できません。運動により、物的損害や傷害の可能性があります。その運動上において発生した物的損害や傷害ついて当社では一切の責任を負いかねます。すべての運動におけるリスクは、運動を行なうご本人に負っていただくことになりますので、充分にご注意ください。

■ 本書は、2018年7月までの情報で編集されています。そのため、本書で掲載している商品の名称、仕様、価格等は、製造メーカーや小売店等により、予告無く変更される可能性がありますので、充分にご注意ください。

■ 写真や内容が一部実物と異なる場合があります。

| Dynamic | Static | 筋弛緩法 | Training |

腰ほぐし
前後
-骨盤の前傾・後傾-

繰り返し
20回

背骨を中心に骨盤を前後に動かします。骨盤を前に傾ける「前傾」と後ろに傾ける「後傾」をリズミカルに行ないましょう。

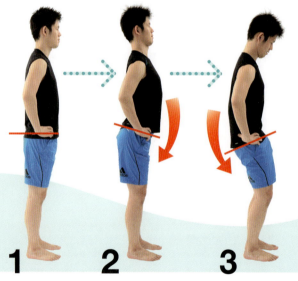

1 骨盤幅に脚を開き、骨盤に手を置きます

2 お尻を突き出すように前傾、お尻を締めるように後傾と交互に動かします

3 後傾時に、ヒザを少し曲げると、行ないやすくなります

骨盤周辺のダイナミック・ストレッチング

TARGET

- **腰椎**
- **骨盤**

腰椎や骨盤周囲に付いている筋肉を動かすことができます

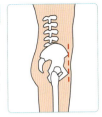

POINT

背骨も一緒に意識して動かすことがポイントです

腰を前後に動かすのではなく、骨盤の角度を意識しましょう

| Dynamic | Static | 筋弛緩法 | Training |

腰ほぐし 左右
-骨盤の側屈-

繰り返し20回

背骨を中心にして、骨盤を左右に動かします。この動きを側屈と言います。腰を左右に動かすのではなく、骨盤を引き上げる意識で、骨盤を左右にリズミカルに動かしましょう。

1

骨盤に手を置きます。また、ヒザは伸ばしておきましょう

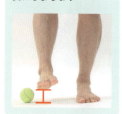

POINT
脚を上げる際の高さは、テニスボール一個分を目安にしましょう

立ち仕事の人のためのストレッチ

骨盤周辺のダイナミック・ストレッチング

TARGET

■ 腰椎

■ 骨盤

骨盤の側屈で動く筋肉は、普段意識することが難しい部分。また、左右に違いがあることが多い部分でもあります

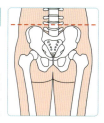

2
肩の位置は変えずに、ヒザを伸ばした状態で、骨盤を引き上げましょう

3
骨盤が肋骨に近づくように左右交互に引き上げましょう

| Dynamic | Static | 筋弛緩法 | Training |

腰ほぐし 回転
-骨盤の回旋-

繰り返し20回

骨盤の前傾、後傾、側屈を行ない、骨盤を立体的に動かします。この動きを骨盤回旋と言います。骨盤で円を描くイメージでリズミカルに動かしましょう。

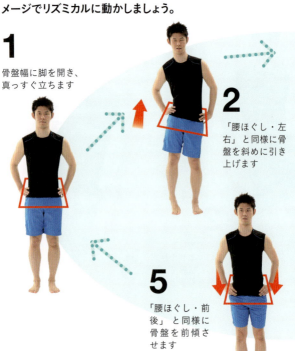

1 骨盤幅に脚を開き、真っすぐ立ちます

2 「腰ほぐし・左右」と同様に骨盤を斜めに引き上げます

5 「腰ほぐし・前後」と同様に骨盤を前傾させます

立ち仕事の人のためのストレッチ

骨盤周辺のダイナミック・ストレッチング

TARGET

- 腰椎
- 骨盤

上半身と下半身をつなぐ骨盤は、身体本来の機能を発揮するために欠かせないポイント

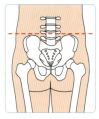

3
「腰ほぐし・前後」と同様に骨盤を後傾させます

4
「腰ほぐし・左右」と同様に、2と反対側へ骨盤を斜めに引き上げます

VARIATION

バランスボールを使うと、より簡単にストレッチが可能になります

| Dynamic | Static | 筋弛緩法 | Training |

背骨ほぐし 上下
-キャットロール-

繰り返し 20回

四つん這いになり、身体を上下に動かすことを繰り返し、骨盤、背骨周りの筋肉をほぐすことができる動的ストレッチです。

1

手を肩幅に開き、四つん這いになります。そして、背中を反らせます。この時、肩甲骨を閉じる（内転）ことを意識しましょう

POINT

キャットロールを行なう際に意識するのは、肩を持ち上げるのではなく、骨盤から傾けることを意識しましょう

48　立ち仕事の人のためのストレッチ

骨盤周辺のダイナミック・ストレッチング

TARGET

■ 骨盤・背骨

骨盤と背骨をイメージしながら、無理せずにゆっくりと動かしましょう

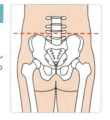

2

次に背中を丸めます。この時、肩甲骨を開く（外転）ことを意識します。そして、背中を反らせて、閉じる動きを繰り返し行ないましょう

手をつく位置が身体から遠すぎると、大きく動かすことができません

| Dynamic | Static | 筋弛緩法 | Training |

背骨をほぐす
左右
-脊柱の側屈-

繰り返し
20回

「キャットロール」同様に骨盤と背骨を意識します。肩と骨盤が近づくように上半身を左右にしならせるようにして、ゆっくりとした動きでストレッチします。

1

両手を肩幅に開き、四つん這いになります。そして、肩と骨盤の距離を縮める感覚で、お腹に力を入れながら、骨盤を左右に動かします

骨盤周辺のダイナミック・ストレッチング

TARGET

■ 骨盤・背骨

普段あまり動かさない部分であり、また、動かしづらい部分のため、骨盤・背骨をイメージしながら動かしましょう

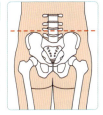

2

手や足の位置が変わらないように注意しましょう。また、背骨が左右に曲がる感覚を意識しましょう

肩や上半身全体が左右に振れてしまうと、大きく動かすことができません

| Dynamic | Static | 筋弛緩法 | Training |

背骨をほぐす回転
-脊柱の回旋-

繰り返し20回

四つん這い動作の複合運動です。骨盤の回転運動をするため、この動きが上手くできない人は、「キャットロール」と「脊柱の側屈」を繰り返しましょう。

2 横にスライドした状態から「キャットロール」の背中を持ち上げていきましょう

1 手を肩幅に開いて、四つん這いになり、「キャットロール」、「脊柱の側屈」を応用して、骨盤を回転させます

骨盤周辺のダイナミック・ストレッチング

TARGET

■ **骨盤・背骨**

骨盤を回すと、自然と背骨が縄跳びの縄のように回ります

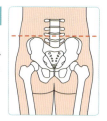

3 手や脚の位置がずれないように注意し、横に骨盤を動かします

4 骨盤を動かすことを意識し、背中を反らせます

| Dynamic | **Static** | 筋弛緩法 | Training |

腸腰筋をほぐす
骨盤前傾型
- 腸腰筋のストレッチ -

腰を反らせた時に痛みを感じる方は、脚の付け根付近の筋肉が固くなっている可能性があります。この部位の筋肉をほぐすための、静的ストレッチです。

1

片脚を前に出し、骨盤を後傾させます

立ち仕事の人のためのストレッチ

上体を後ろに反ると腰が痛い人

TARGET

■ 腸腰筋

脚の付け根にある腸腰筋が硬くなることで、骨盤が前傾してしまいます。この筋肉をストレッチすることで骨盤を正しい位置に戻しましょう

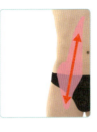

POINT

腰を反らさないように注意しながら、ターゲットを意識してストレッチします

2

骨盤を後傾させた状態で、脚の付け根を前に動かします

| Dynamic | **Static** | 筋弛緩法 | Training |

大腿四頭筋をほぐす
骨盤前傾型
-大腿四頭筋のストレッチ-

大腿四頭筋が硬くなると、骨盤が過剰に前傾しやすくなります。立ち仕事をしていると腰の疲労にもつながります。

1 片脚を曲げ、手でつかみます

2 そして、軸脚よりも後ろに来るように、引っ張ります。カカトがお尻に着くような感覚です

立ち仕事の人のためのストレッチ

上体を後ろに反ると腰が痛い人

TARGET

■ **大腿四頭筋**

太ももの前面にある筋肉で大腿直筋・内側広筋・外側広筋・中間広筋の四つの筋肉から構成される筋肉です

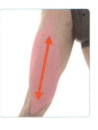

VARIATION

バランスが取りづらい場合は、壁等に手をついて行ないましょう

柔軟性がある方は、寝た状態でストレッチする方法もありますが、硬い方には向きません

| Dynamic | **Static** | 筋弛緩法 | Training |

腰・背中・首をほぐす 骨盤前傾型
-腰・背中・首のストレッチ-

骨盤が前傾になると腰部が反ります。首、背中を一緒に伸ばすことで、腰部の筋肉も伸ばします。ヒザを伸ばしたり、ヒジが開いていてはターゲットをうまく伸ばせないので注意。

POINT
ヒザを軽く曲げた方が腰が伸ばしやすくなります。腰、背中、首をそれぞれ意識してゆっくり伸ばしましょう

1
頭の後ろで手を組みます

58　立ち仕事の人のためのストレッチ

上体を後ろに反ると腰が痛い人

TARGET

■ 脊柱起立筋
（首・背中・腰背部）

背骨の脇を走る2本の小さな筋肉の集合体を脊柱起立筋と言います。この筋肉は首から腰にかけて存在します

2

ゆっくりと身体を丸めていきます。この時に背中が丸くなるように意識しましょう

ヒザを伸ばした状態や、ヒジを開いた状態では、ターゲットをうまく伸ばせません

| Dynamic | **Static** | 筋弛緩法 | Training |

ハムストリングスを伸ばす
骨盤後傾型
-ハムストリングスのストレッチ-

骨盤が後傾している人で腰痛の場合、大部分はこのハムストリングスが非常に硬くなっています。日頃からハムストリングスの静的ストレッチを心掛けましょう。

1 前後に脚を開き、腰から身体を折り曲げることを意識します

2 前脚のヒザは軽く曲げたまま行います

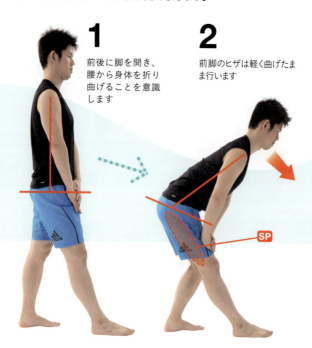

60 立ち仕事の人のためのストレッチ

上体を前に倒すと腰が痛い人

TARGET

■ **ハムストリングス**

硬くなったハムストリングスが、骨盤を後ろに引っ張り、姿勢が崩れます。この筋肉の柔軟性を取り戻しましょう

VARIATION

壁に手をついて行なうことで、背骨が伸びしっかりとターゲットを伸ばすことができます

背骨が丸まってしまうと、ハムストリングスがしっかり伸びません

| Dynamic | **Static** | 筋弛緩法 | Training |

お尻の筋肉を伸ばす
骨盤後傾型
-大臀筋のストレッチ-

骨盤が後傾しているとお尻の筋肉が硬くなります。臀部の筋肉が硬くなると、骨盤の後傾がさらに進みます。大きな筋肉なため、色々な方向に伸ばしましょう。

1

イス等の台を用意し、その上にヒザを曲げ、くるぶしを乗せます

POINT

ヒザを軽く押した方が伸びやすくなります。

上体を前に倒すと腰が痛い人

TARGET

■ **大臀筋**

骨盤の後ろ側にある筋肉です。特に大臀筋は面積が広く、力も強いため、方向を変えてしっかり伸ばすことがポイントです

2

その状態でお尻が伸びるところまで身体を倒します

VARIATION

台を使わずに行なうこともできます。軸脚のヒザ上に片脚を乗せたまま前傾し、お尻を伸ばします

| Dynamic | **Static** | 筋弛緩法 | Training |

お腹の筋肉を伸ばす
骨盤後傾型
-腹直筋のストレッチ-

壁を前に、バンザイの様なポーズでお腹を伸ばします。壁を前にしてストレッチすることで、腰が前に出すぎずに、安全にターゲットを伸ばしやすくなります。

POINT
何かにつかまるイメージで行なうと、肋骨が引き上げやすくなります。また、反らせすぎることも予防できます

1

壁に身体を着け、両手を上げます

64　立ち仕事の人のためのストレッチ

上体を前に倒すと腰が痛い人

TARGET

■ 腹直筋

一般的に腹筋と呼ばれる、お腹の筋肉を伸ばします

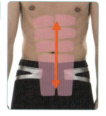

2

そして、身体を少し後ろに反らせます。骨盤が壁から離れないように注意しましょう

腰を反るのではなく、上に伸びることを意識しましょう

| Dynamic | **Static** | 筋弛緩法 | Training |

腰の下をほぐす
骨盤前傾型
-腰の抱え込みストレッチ-

腰の下部に張りを感じる方に向けたストレッチです。広いスペースを用意する必要がなく、自宅で手軽にできます。クッションを用意して、背中側をほぐしましょう。

1
腰の下にクッションを置き、両脚を抱え込みます

POINT
両ヒザの間にスペースを空けてストレッチします。ヒザを閉じた状態では股関節に引っかかりを感じる場合があります

上体を前に倒すと腰が痛い人

TARGET

■ 腰部下部
（脊柱起立筋群）

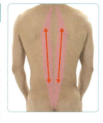

骨盤が前傾している人は、この部分の緊張により、筋肉が硬くなっています。この部分のストレッチで腰痛を予防しましょう

2

そして、腰上部から丸めていくイメージで抱え込みます

| Dynamic | **Static** | 筋弛緩法 | Training |

腰の筋肉をほぐす
骨盤前傾型
-腸腰筋のストレッチ-

脚の付け根の筋肉を狙います。伸ばしたい側とは逆の脚を前に出し、腰だけ前に移動させるストレッチです。重心を後ろ側の脚に乗せると、よりストレッチ効果が高まります。

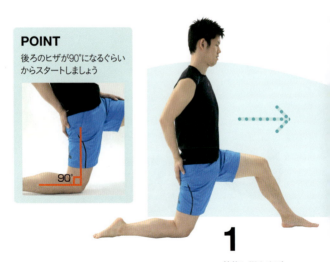

POINT
後ろのヒザが90°になるぐらいからスタートしましょう

1
前後に脚を広げ、後ろ脚のヒザを地面に着けます

68　立ち仕事の人のためのストレッチ

上体を前に倒すと腰が痛い人

TARGET

■ 腸腰筋

上半身と下半身を繋いでいる大きな筋肉です。しっかりと脚の付け根が伸びていることを意識しましょう

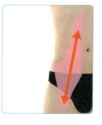

2

脚の付け根が伸びていることを意識し、腰を前に動かします

| Dynamic | **Static** | 筋弛緩法 | Training |

太ももの筋肉をほぐす
骨盤前傾型
-大腿四頭筋のストレッチ-

ヒザを付いて、後ろ手で脚を引っ張ることで、大腿四頭筋を伸ばします。ポイントとしては、ターゲットが伸びている感覚が弱ければ、ヒザの位置を少し後ろにしてみましょう。

1

前後に脚を広げ、後ろ脚のヒザを地面に着けます。

2

後ろ脚を片手で前に引っぱります。脚を持つ手を入れ替えると、伸ばす筋肉の場所を変えることができます

上体を前に倒すと腰が痛い人

TARGET

■ 大腿四頭筋

手を入れ替えることで、大腿四頭筋を細かくストレッチすることができます。真っすぐ引くことで大腿直筋、伸ばす脚と逆の手で持つことで外側広筋が伸びます

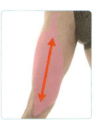

VARIATION

ヒザが痛い人は、クッションを敷いて行ないましょう。クッションを引くことで楽にストレッチできます

| Dynamic | **Static** | 筋弛緩法 | Training |

お腹の筋肉を伸ばす
骨盤後傾型
- 腹直筋のストレッチ -

うつぶせの状態から、上半身を起こしてお腹を伸ばします。腰を床に付けたままの状態で、無理せずにゆっくりと伸ばしましょう。腰が痛い場合は、無理なストレッチは厳禁です。

1

うつ伏せの状態で、
ヒジを曲げます

POINT
骨盤は地面に着けておきます。浮かないように注意しましょう

72　立ち仕事の人のためのストレッチ

上体を前に倒すと腰が痛い人

TARGET

■ 腹直筋

骨盤が後傾になると腹筋(腹直筋)が縮まります。このストレッチでしっかりと伸ばしましょう

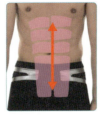

2

ヒジを立て、お腹が伸びるイメージで上体を起こします

SP

VARIATION

ヒジを着けた状態では、あまり伸びている感じがしない場合は、腕を伸ばした状態で行なうと良いでしょう

| Dynamic | **Static** | 筋弛緩法 | Training |

タオルで太ももの裏伸ばし
-ハムストリングスの静的ストレッチ-

長時間の立ち仕事でもっとも疲れを感じるのが、太もも裏のハムストリングスです。タオルを使うことで硬い人でも効果的にストレッチできます。

1 床に寝そべって、片脚を曲げ、脚の裏にタオルを掛けます

VARIATION
上げない方の脚を曲げたり、タオルを引っ張る手を片手にする等のバリエーションがあります

上体を前に倒すと腰が痛い人

TARGET

■ ハムストリングス

太もも裏の筋肉であるハムストリングスは、肉離れ等がしやすい場所とも言えます。しっかりほぐしましょう

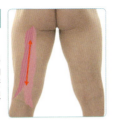

2

脚を自分の身体の方向へ持っていきます。この時、ヒザを軽く曲げることで、ターゲットをしっかり伸ばすことができます

75

| Dynamic | **Static** | 筋弛緩法 | Training |

お尻の筋肉伸ばし
-臀部の静的ストレッチ-

お尻を伸ばして、腰や下肢の疲れを取り除くストレッチです。効果的に伸ばすために、腰が丸まらないように注意しましょう。

1 片脚のヒザを曲げ、両手を前に着きます

POINT
前側の脚のつま先は横に向けます。さらに背中が丸まらないように注意します

上体を前に倒すと腰が痛い人

TARGET

■ 大臀筋

股関節の伸展や外旋を行なう大臀筋を伸ばすことで、長時間の立ち仕事で疲労したお尻部分をほぐします

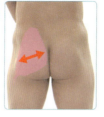

2

上体を起こし、ヒザを曲げた側のお尻が伸びているのを感じましょう

VARIATION

この筋肉が硬い場合には、寝た状態で脚を組み、持ち上げるように引きよせる方法があります

| Dynamic | **Static** | 筋弛緩法 | Training |

身体を左右に倒して体幹を伸ばす
- 体幹部の静的ストレッチ -

身体を横に倒して体側を伸ばすストレッチです。骨盤をできるだけ動かさないようにして、身体を横に倒します。左右均等にしっかり伸ばしましょう。

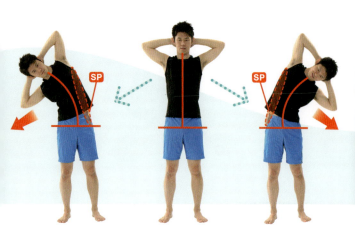

2 骨盤と助骨の距離を広げるイメージで伸ばしましょう

1 脚を肩幅に広げ、頭の後ろで両手を組みます

2 骨盤は正面を向いた状態で、身体を横に倒します

上体を横に倒すと腰が痛い人

TARGET

■ 体側
（腹斜筋群・
腰方形筋等）

左右の筋肉の柔軟性の差が原因で、身体を横に倒した時に腰が痛くなることがあります。ストレッチを行なう際に左右の違いを確認しながら行ないましょう

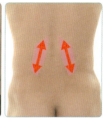

POINT

上半身をねじるのではなく、左右に倒します

腰が左右にフレると、ストレッチ効果が下がります

NG

上半身を左右に倒した時に、カカトが浮くとストレッチ効果が下がります

| Dynamic | **Static** | 筋弛緩法 | Training |

身体を倒して下半身を伸ばす
-大腿筋膜張筋・中臀筋の静的ストレッチ-

脚を交差させ、身体を前に倒すことで、骨盤の横の筋肉を伸ばして、下半身の不調を緩和させます。脚を交差させる度合いで、伸びる場所が変わってきます。

1 片側の脚を後ろに交差します

2 身体を斜め前に倒します。この時、交差した後ろ側の脚の方向に体重をかけましょう

立ち仕事の人のためのストレッチ

上体を横に倒すと腰が痛い人

TARGET

- 中臀筋
- 大腿筋膜張筋

身体を支える筋肉です。骨盤が左右に動くことを抑える働きをする筋肉でもあります

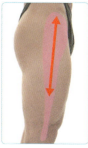

POINT

ダンベルや水の入ったペットボトル等を使うと、楽にストレッチできます

NG

上半身をまっすぐ前に倒しても、ターゲットを伸ばせません

横になって行なう
お尻周りのストレッチ
-大腿筋膜張筋の静的ストレッチ-

身体を起こしながら、お尻サイドからももの外側に掛けてのストレッチを行ないます。身体を起こすレベルによって強度が変わるので、自分に合ったポイントでストレッチしましょう。

1 横向きに寝て、上の脚を曲げ、身体を起こしていきます

2 この時、下の脚のヒザが曲がらないように注意しましょう

上体を横に倒すと腰が痛い人

TARGET

■ **大腿筋膜張筋**

脚の横にある筋肉で、立っている時に身体を支えている筋肉の1つです

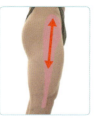

VARIATION

身体が硬い方は、両脚を揃えた状態でストレッチしましょう

NG

上半身を前に倒しても、ターゲットが伸びません

| Dynamic | **Static** | 筋弛緩法 | Training |

座って行なう体幹ストレッチ
-体幹部の静的ストレッチ-

主要部分とも言える体幹のストレッチで、腰周りの痛みや違和感を予防しましょう。このストレッチのポイントは、身体を横に倒す際、しっかり体側が伸びていることを意識することです。

1 あぐらをかいて座り、手を頭の後ろで組みます

2 左右交互に倒します。この時、お尻が浮かないように注意します

2 上半身を真横に倒します。ヒジを床に近づけるようなイメージで斜めに倒しましょう

上体を横に倒すと腰が痛い人

TARGET

■ 体側
（腹斜筋群・
腰方形筋等）

ストレッチする時に骨盤を動かさないように、注意しながら身体を倒して体側を伸ばします

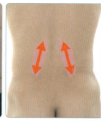

VARIATION

ヒジがヒザに付くように、斜め方向にも倒すと、広範囲にストレッチできます

VARIATION

より伸ばしたい方は、手を上げた状態で同じようにストレッチしましょう

| Dynamic | **Static** | 筋弛緩法 | Training |

ヒザ立ちからの内ももストレッチ
-内転筋群の静的ストレッチ-

立ちっぱなしで仕事をしていると、疲れが溜まる内転筋群をほぐします。身体が硬い人は、少しずつ前方に体重を掛けて、ゆっくりストレッチしましょう。

1

片方の脚は、ヒザ立ちし、もう一方の脚は、伸ばします

POINT
ヒザを伸ばすと広範囲に渡ってストレッチできます

TARGET

■ 内転筋群

左右の内転筋群の硬さが違う人は硬い方をしっかり伸ばしましょう

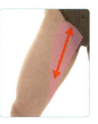

2

両手を前に着き、下方向に体重を掛けます。身体が硬い人は、少しずつ体重を掛けましょう

POINT

ヒザの内側が痛い方は、ヒザを軽く曲げて行ないましょう

| Dynamic | **Static** | 筋弛緩法 | Training |

片脚を伸ばして股関節をほぐす
-内転筋群の静的ストレッチ-

誰でも一度はやったことのあるはずの、内転筋群のストレッチです。しかし、やり方によっては、筋肉を痛めてしまうことがありますので、しっかり方法をマスターしましょう。

1 脚を大きく広げて立ちます

2 伸ばしたい脚の反対側に体重を移動させます。最初は浅めにヒザを曲げましょう

NG ヒザを強く下に押して体重をかけるとヒザを痛める可能性があります

TARGET

■ **内転筋群**

ももの内側にある内転筋群を伸ばして、股関節をほぐします

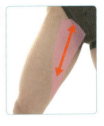

3

徐々に曲げる角度を深くしていきます。一度に深く曲げると、筋肉を痛めてしまう可能性があるので注意

VARIATION

身体が硬い方は、壁を使ってバランスを取りながら伸ばしましょう

| Dynamic | **Static** | 筋弛緩法 | Training |

仕事場でできる
ふくらはぎのストレッチ
-腓腹筋の静的ストレッチ-

長時間立ちながら仕事をしていると、ふくらはぎに疲労を感じることがあります。そういった場合は、ピンポイントでふくらはぎを伸ばし、疲労を緩和させましょう。

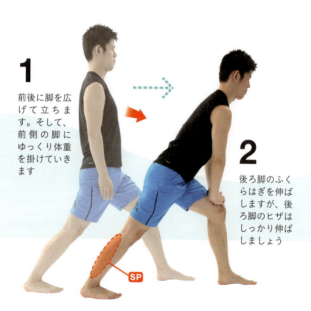

1 前後に脚を広げて立ちます。そして、前側の脚にゆっくり体重を掛けていきます

2 後ろ脚のふくらはぎを伸ばしますが、後ろ脚のヒザはしっかり伸ばしましょう

TARGET

■ **腓腹筋**

ふくらはぎにある筋肉で、ストレッチを行なう時にヒザをしっかり伸ばして行なうと、効果的に伸ばすことができます

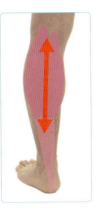

NG

前脚に体重を掛け、カカトが上がってしまうと腓腹筋が伸びづらくなります。硬い人は脚幅を狭くして行ないましょう

| Dynamic | **Static** | 筋弛緩法 | Training |

台座を使った
ふくらはぎのストレッチ
-腓腹筋の静的ストレッチ-

疲れが溜まったふくらはぎのストレッチ方法です。脚を乗せる台座の厚みによって、ストレッチの強度が変わるので、身体の硬い人は薄い物を選びましょう。

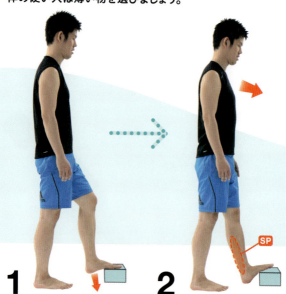

1 辞書や電話帳程度の厚みがある台座に片足を乗せます

2 身体を前に倒します。身体を倒す角度で強度が変わります

TARGET

■ **腓腹筋**

ヒザを曲げたり、つま先立ちした時に使う筋肉が腓腹筋です

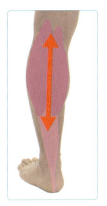

VARIATION

片足ずつではなく同じ要領で、両足を揃える方法もあります

重心が後ろすぎると、ストレッチ効果が得られません

| Dynamic | **Static** | 筋弛緩法 | Training |

仕事場でできる ふくらはぎのストレッチ
-ヒラメ筋の静的ストレッチ-

ふくらはぎのストレッチです。腓腹筋のストレッチとは違い、ヒザを曲げることがポイントです。ターゲットをしっかり意識してストレッチしましょう。

1 前後に脚を開き、後ろ脚のヒザを軽く曲げながら、身体を真下に下ろしていきます

2 腓腹筋のストレッチとは違い、ヒザを曲げることを意識します

TARGET

■ ヒラメ筋

ふくらはぎにある筋肉です。この筋肉は、ヒザを曲げたストレッチで伸ばすことができる筋肉です

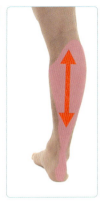

重心が前に行き過ぎた悪い例です

NG

後ろ脚のカカトが浮いてしまうと、ターゲットが伸びません

| Dynamic | **Static** | 筋弛緩法 | Training |

タオルを使った ふくらはぎのストレッチ
-ヒラメ筋の静的ストレッチ-

立った状態が長時間続くと、ふくらはぎに疲労が溜まります。タオルを使用して、簡単に疲労回復を狙いましょう。腓腹筋のストレッチと違い、ヒザを曲げて行なうのがポイント。

1 片足にタオルを掛け、両手でつかみます

2 両手でタオルを引っ張ります。この時、ヒザを少し曲げます

TARGET

■ **ヒラメ筋**

魚のヒラメに似ていることから、ヒラメ筋と呼ばれる、ふくらはぎの裏側に位置する筋肉です

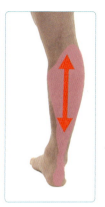

POINT

ヒラメ筋を伸ばすためには、ヒザを曲げた状態でつま先を引き上げます

1

COLUMN

持続させる方法

　体が硬い人ほどストレッチが嫌いで、柔らかい人ほど好きでいつもストレッチをしているように思います。体が硬い人にとって、ストレッチはいわば拷問のような辛さがあるのでしょう。一転、体が柔らかい人にとってはストレッチしないと気持ち悪い、ストレッチしているときが心身共にリラックスできる至福の時なのでしょう。辛い、痛いと思っている方に毎日やりましょうと言っても、トップアスリートであればまだしも一般の方であればなお難しいことだと思います。楽しくない、効果が実感できない、またメタボ対策といった健康上のプレッシャーが掛からないということも続かない原因の一つです。そこで、ストレッチを継続させるためのポイントを紹介します。

1 成果を実感すること

　日々ストレッチをすることによって、徐々に体は柔らかくなっていきます。体重等と違い明確に数字で表せないのが難点と言えますが、簡単に変化を感じるには立位体前屈を行ない、指先と床までの距離を測ってみることです。ただし、一番簡単で手軽な方法ではありますが、腰への負担も大きいので無理して良い結果を出そうとすると怪我をしてしまう可能性があるので注意しましょう。また、起き上がる時に一度ヒザを曲げてから顔を上げることもポイントです。

2 ストレッチグッズを使う

　ストレッチを効率よく行なうためのグッズには色々なものがあります。これらを使うことによって今まで伸ばせなかった筋肉をストレッチできたり、無理に力を入れずに楽にストレッチできるようになります。

　また、これらのグッズをリビング等の目に付くところに置いておけば、忘れずにストレッチするといった要領で、習慣化に近づくというメリットもあります。

3 専門家の力をかりる

　一番辛くて痛い時は、中々やる気が起きないはずです。最初は専門家（スポーツトレーナー等）にストレッチをしてもらいましょう。プロならではの視点で個々の硬い部分を見つけ出し、筋線維の方向に沿って、適度な負荷をかけながらストレッチしてくれるため、ご自分でするよりも早く効果が出てくると思います。マッサージ店でもコースの中に「ストレッチ」を設定しているところもあります。ある程度柔らかくなると一人でもストレッチしやすくなります。それまでは専門家の力をかりる事で、継続させるきっかけを作れると思います。

座り仕事の人のための
ストレッチ

座った状態で長時間仕事をしていると、血行が悪くなり、疲労が蓄積されます。ここでは、腰や背中、肩周辺の張りを軽減させることをメインに、ストレッチ方法を紹介していきます。

警告

■ この本は、習熟者の知識や運動、技術をもとに、編集時に読者に役立つと判断した内容を記事として再構成し掲載しています。そのため、あらゆる人が本書で紹介している運動を成功させることを保証するものではありません。よって、出版する当社、および取材先各社では運動の結果や安全性を一切保証できません。運動により、物的損害や傷害の可能性があります。その運動上において発生した物的損害や傷害ついて当社では一切の責任を負いかねます。すべての運動におけるリスクは、運動を行なうご本人に負っていただくことになりますので、充分にご注意ください。

■ 本書は、2018年7月までの情報で編集されています。そのため、本書で掲載している商品の名称、仕様、価格等は、製造メーカーや小売店等により、予告無く変更される可能性がありますので、充分にご注意ください。

■ 写真や内容が一部実物と異なる場合があります。

| Dynamic | **Static** | 筋弛緩法 | Training |

座りながら
太ももの裏側伸ばし
-ハムストリングスの静的ストレッチ-

座りっぱなしの状態が長く続くと、下半身の血流が滞りやすく、疲れが溜まりやすくなります。太もも裏側を伸ばすことで、むくみの原因を取り除きます。

1 イスに浅く座り、片脚を前に出し、つま先を上に向けます

2 SP 伸ばした脚の付け根から上半身をたたむように前に倒します

仕事の合間にできる静的ストレッチ

TARGET

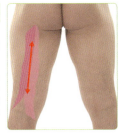

■ **ハムストリングス（大腿二頭筋、半腱様筋、半膜様筋）**

太ももの裏側にあるハムストリングスのストレッチは、腰背部の違和感や脚のむくみの緩和、予防に効果的です

POINT

スタートポジションは、浅く座り、肛門が真下に向くように意識し、背中、腰を伸ばします

VARIATION

つま先を右や左に向けて行なうと広範囲に渡ってハムストリングスがストレッチできます

背筋、腰を丸めると、ターゲットに対するストレッチ効果が得られにくくなります

| Dynamic | **Static** | 筋弛緩法 | Training |

座りながら腰と背中を伸ばす
-腰・背中の静的ストレッチ-

腰や背中の張りを緩和させます。座り仕事で凝り固まった腰周りを丁寧に伸ばします。積み木のような背骨を、1つずつ丸めていくイメージで上半身を倒します。

1
まず、イスに浅く腰掛けます

104　座り仕事の人のためのストレッチ

仕事の合間にできる静的ストレッチ

TARGET

■ 脊柱起立筋

■ 腰背部

座りっぱなしの状態で起こる、腰や背中の張り、疲労を軽減します

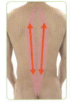

2

脚の付け根から、上半身を前と左右に倒していきます

NG 上半身を水平にした状態や、顔を上げた状態で前傾しても、ターゲット部位がしっかりと伸びません

| Dynamic | **Static** | 筋弛緩法 | Training |

座りながらできる
お尻伸ばし
-臀部周辺の静的ストレッチ-

手軽に、お尻から腰に掛けてストレッチできます。ターゲットが伸びていることを感じながら、ゆっくりと上半身を倒していくのがポイントです。

1

イスに浅く座り、伸ばしたい側の脚を太ももの上に乗せます

POINT
上半身の姿勢を保ったままストレッチします。
骨盤の正しい角度を意識しましょう

仕事の合間にできる静的ストレッチ

TARGET

- 臀筋群
- 腰部

同じ姿勢のままで長時間いると血行が悪くなりやすい筋肉のため、積極的にほぐしましょう

2

背中を丸めずに上半身を倒します。前だけでなく、左右にも倒します

上半身の姿勢が悪いと、充分なストレッチ効果が得られません

| Dynamic | **Static** | 筋弛緩法 | Training |

座りながら
脚の付け根伸ばし
-腸腰筋の静的ストレッチ-

長時間座った状態が続くことで硬くなった脚の付け根を伸ばします。股関節をしっかりと伸展させて伸ばしましょう。

1 イスの片側半分に座り、片脚をイスの横から後ろへ伸ばしていきます。息をゆっくり吐きながら、更に伸ばします

108　座り仕事の人のためのストレッチ

仕事の合間にできる静的ストレッチ

TARGET

■ 腸腰筋

同じ姿勢でいると、動かさない筋肉の血行が悪くなります。

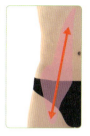

2

背中を丸めずに脚の付け根がしっかり伸びていることを意識しながら行ないます

NG

後ろ側へ脚を引きすぎると、脚の付け根をうまくストレッチできずに腰を痛める原因にもなります

| Dynamic | **Static** | 筋弛緩法 | Training |

腕の裏伸ばしで疲労を取る
-上腕三頭筋の静的ストレッチ-

背中や肩・腕周辺に溜まった違和感を取り除くためのストレッチです。腕の裏の筋肉は思っている以上に肩、首のこりに関係しています。しっかりほぐしましょう。

1

イスに浅く座り、骨盤を立てます

仕事の合間にできる静的ストレッチ

TARGET

■ 上腕三頭筋

ヒジを伸ばす際に使う上腕三頭筋は肩、首のこりや痛みに関係しています。充分にほぐしましょう

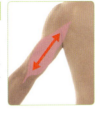

2

片腕を上げて、反対の手でヒジを持ち、後方に倒していきます

VARIATION

イスにヒジを付け、脇を床面へ近づける方法もあります

| Dynamic | **Static** | 筋弛緩法 | Training |

座ったままで首のストレッチ
-頸部の静的ストレッチ-

背中を丸めた状態で、長時間イスに座ったままオフィスワークをしている人向けです。体重の8%を占めると言われる頭。この重さを支えている首の緊張を緩和させましょう。

1

イスに浅く座り、手を頭部にかけ、息を吐きながら横に倒します

POINT
イスの座面を軽く持ってストレッチします。ゆっくり息を吐きながら伸ばします

仕事の合間にできる静的ストレッチ

TARGET

- 胸鎖乳突筋
- 僧帽筋上部

猫背の状態で長時間座りっぱなしの場合、首や肩の周りの筋肉が緊張します。首周りの緊張を緩和させましょう

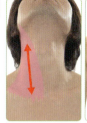
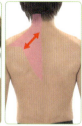

2

肩から耳が遠くへ離れていくイメージで倒します

VARIATION

イスの後ろ側を持った状態で伸ばすと、伸ばす角度を変えることができます

| Dynamic | **Static** | 筋弛緩法 | Training |

座りながら胸を伸ばす
-大胸筋の静的ストレッチ-

硬くなりやすい胸の筋肉を伸ばします。大きな面積を持った筋肉を伸ばすことで、肩こりや首筋のだるさを緩和させます。

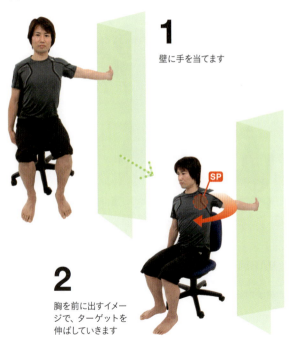

1 壁に手を当てます

2 胸を前に出すイメージで、ターゲットを伸ばしていきます

仕事の合間にできる静的ストレッチ

TARGET

■ 大胸筋

長時間の座り作業は、猫背の姿勢になりがちで、疲労が溜まりやすくなります

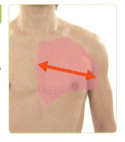

VARIATION

手をつく位置を上下に変えると、広範囲に渡ってストレッチできます

両手を広げるようにして、胸の筋肉を伸ばす方法もあります

| Dynamic | **Static** | 筋弛緩法 | Training |

イスを使って腕の内側を伸ばす
-上腕・前腕の静的ストレッチ-

パソコン作業等で、腕の疲れやコリを感じている時にお勧めのストレッチ方法です。無理をせずに、角度や方向を調節しながら、気持ちよく伸ばしましょう。

1

イスの上に手の平を逆手に置きます。そして、ゆっくりと前方に体重をかけます

2

ゆっくりと後方に体重を移していきます

116 座り仕事の人のためのストレッチ

仕事の合間にできる静的ストレッチ

TARGET

- 上腕部
- 前腕部

上腕二頭筋や腕橈骨筋といった上腕・前腕部の筋肉は、長時間パソコン等の作業をすると疲れが溜まってしまいます

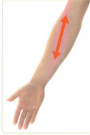

VARIATION

手の甲側を置いてストレッチすると、腕の表側を伸ばすことができます

POINT

手の平を置く向きを変えて、上腕部の裏表を伸ばすことができます。平側を置くと腕の内側、甲側を置くと外側が伸びます

| Dynamic | **Static** | 筋弛緩法 | Training |

お尻周りや下半身の違和感を予防
-梨状筋&臀部周辺の静的ストレッチ-

臀部周辺を伸ばすことで腰の疲労や下肢の違和感を取り除きます。

1 左脚を右脚に深く掛けて座ります

2 脚を掛けた逆側のヒジをヒザに当て、骨盤から左に回旋します

仕事の合間にできる静的ストレッチ

TARGET

- 梨状筋
- 中臀筋

梨状筋周辺の違和感は、お尻周りのしびれや痛みにつながります。しっかり伸ばして、違和感を緩和させましょう

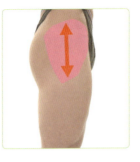

POINT

猫背で下を向いたままねじっても、ターゲットを伸ばすことはできません

NG

左右の脚の掛かり方が浅いと、ターゲットを効率よく伸ばせません

| Dynamic | **Static** | 筋弛緩法 | Training |

自宅でやりたい 股の内側伸ばし
-内転筋群周辺の静的ストレッチ-

壁を使った脚の開脚で、ももの内側の筋肉を伸ばします。注意するのは、股関節を外転させる際、お尻が壁から離れないように倒すことです。

1

仰向けで、臀部を壁に密着させ、脚を閉じた状態でヒザ関節を伸ばしておきます

2

股関節から両脚を左右に外転させます。この時、臀部が壁から離れないように注意しましょう

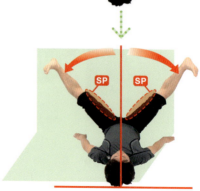

自宅でやりたい静的ストレッチ

TARGET

- 縫工筋
- 薄筋
- 内転筋群

股関節周辺の筋肉の疲労や違和感を股関節の外転によって取り除きましょう

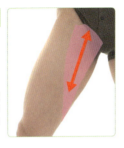

VARIATION

左右の脚を片方ずつ開いてストレッチする方法もあります

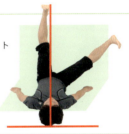

ヒザが曲がった状態では、ターゲットを充分に伸ばせません

NG

床から腰が浮いた状態もNGです

| Dynamic | **Static** | 筋弛緩法 | Training |

自宅でやりたい
腰周り伸ばし
-腸腰筋&体側の静的ストレッチ-

ももの付け根から体側のストレッチは、下肢の違和感や疲労に効きます。イスが動かないように、確実に固定してからストレッチしましょう。

1

壁等で固定したイスに片脚を乗せ、ランジポジションを取ります

2

脚の付け根を意識し、前脚に体重をかけます。そして、余裕があれば、伸ばしている側の脚の腕を上げひねり、広範囲にストレッチをしましょう

自宅でやりたい静的ストレッチ

TARGET

- 大腿部
- 腸腰筋
- 体側部

腸腰筋をはじめとした、下半身の違和感や疲労は、もも の付け根や体側を伸ばすことで緩和させます。しっかり伸ばしましょう

NG 腰のひねりすぎに注意します。さらに、ヒザがつま先よりも前に出ないように注意します

腰周りの疲れを取る 丸まりストレッチ

-脊柱起立筋&腰背部周辺の静的ストレッチ-

骨盤を支えながら、体幹を屈曲させることで、腰背部周辺の違和感や疲労を緩和させることができます。両ヒザの角度、方向を調整することで広範囲に伸ばすことができます。

1 仰向けになり、手で骨盤を支えます

2 体幹を屈曲させます

自宅でやりたい静的ストレッチ

TARGET

■ 脊柱起立筋

猫背で長時間の座り仕事は、下半身にこりや痛みが出ます。また、腰痛の緩和、予防のためにも、この筋肉をほぐしましょう

3

ヒザが肩の近くに来るまで、屈曲します

4

両ヒザの向きを左右に変えると広範囲にストレッチできます

身体を上げすぎると、首に負担が掛かり危険です

| Dynamic | Static | 筋弛緩法 | Training |

背中・体側周りの動的ストレッチ
-脊柱の動的ストレッチ-

座りっぱなしで、動きのない状態が続くことで溜まってしまった背中周りの疲れを取り除きます。助骨が骨盤から離れていくイメージで、左右リズミカルに側屈を20回繰り返しましょう

繰り返し
20回

1
イスに浅く座り、骨盤を立てて上半身を真っすぐにします。また、両手を頭の後ろで組みます

NG
上半身を倒さずに、肩だけ上げてもストレッチ効果が出ません

仕事の合間にできる動的ストレッチ

TARGET

- 体側部
- 広背筋
- 内・外腹斜筋
- 腰方形筋

腰痛や背中周りの違和感には、これらの筋肉を動かすことが効果的

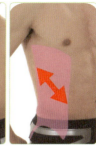

2

息をゆっくり吐きながら、片側に倒したら、次は逆側にも倒します。ゆっくりとリズミカルに繰り返しましょう

| Dynamic | Static | 筋弛緩法 | Training |

イスに座ったまま固まった背中の張りほぐし対策
-肩甲骨周辺の動的ストレッチ-

座りっぱなしで丸まった背中の筋肉をほぐします。肩の周りを伸ばし、慢性的な緊張を緩和し、柔軟性を取り戻すことを目的とします。リズミカルに20回繰り返し行ないましょう。

繰り返し20回

1
イスに浅く座り、背中を丸めます。24個ある背骨の骨を1つずつ折り畳むイメージで丸めましょう

仕事の合間にできる動的ストレッチ

TARGET

■ 菱形筋

■ 僧帽筋

肩甲骨を支えているこれらの筋肉のストレッチは、猫背の方や座りっぱなしで仕事をする人にお勧めです

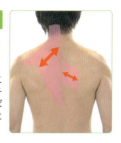

2

そして、丸めた背中を引き寄せて、胸を張りながらヒジを引き、肩甲骨を背骨に寄せます

NG ヒジを引いた時に、手の平が下を向いたままの状態では、ターゲットを効率よく動かすことができません

Dynamic | Static | 筋弛緩法 | Training

デスクでできる
肩関節くるくる体操
-肩関節周辺の動的ストレッチ-

肩関節をくるくると動かすことで、疲労による肩周りの違和感を緩和させていきます。左右別々の動きですが、苦手であれば、左右同じ動きでも構いません。

1 イスに浅く座り、両手を左右に広げます。首の力は抜きましょう

2 肩から腕を回します。右手を内に、左手を外に回旋させます

繰り返し
20回

3 左右の腕は別々の動きになります

仕事の合間にできる動的ストレッチ

TARGET

- 三角筋
- 肩甲下筋
- 小円筋
- 棘下筋など

頸部下部の違和感や肩甲骨周辺の痛みは、肩関節を内外にひねる動作で、予防することが可能です

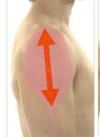
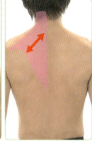

5

ヒジを曲げていきます。これを繰り返し行なっていきましょう

4

徐々に大きく肩関節を回していきます

6

左右別々の動きができない場合は、同じ方向に肩を回しても大丈夫です。5と6の動きを20回ほどリズミカルに繰り返し行ないましょう

| Dynamic | Static | 筋弛緩法 | Training |

仕事の合間にできる
肩や首周りのコリ対策
-肩関節周辺の動的ストレッチ-

長時間の座り仕事で肩が常に上がっていて、首周辺が張っている方は、肩関節のストレッチで、慢性的な緊張をほぐしましょう。前回し20回、後ろ回し20回を目安にリズミカルに行ないましょう。

1 イスに浅く座り、脇を締めて、指先を両肩に付けます

前後
繰り返し
20回

2 ヒジを上げていきます

座り仕事の人のためのストレッチ

仕事の合間にできる動的ストレッチ

TARGET

■ 僧帽筋

■ 菱形筋

肩こりや首筋のだるさといった症状には、このストレッチが効果的です

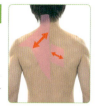

3

さらに、大きく肩を後ろに回していきます

4

ヒジで円を描くようなイメージで20回ほどリズミカルに行ないます

5

また、逆回転も同様に行ないましょう

筋弛緩法で簡単に肩・首のリラックス
-上半身の脱力ストレッチ 1-

座りっぱなしで仕事をし、頸部の動きが少ない状態で、頭が下を向くことが続くと、首周りに違和感が出ます。筋弛緩法で、肩と首周辺の緊張をほぐしましょう。

繰り返し3〜4回

1 イスに浅く座り骨盤を立てます

2 両肩を耳に近づけるイメージで力強く上げて、15秒ほど保ちます

仕事の合間にできる筋弛緩法

TARGET

- 僧帽筋
- 頸部周辺

座りっぱなしで、下を向いている時間が長いと、首や肩に違和感を覚えます。慢性的な緊張を緩和させましょう

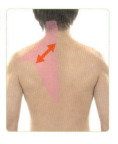

3

そこから一気に全身脱力して、肩を落とし30秒ほどリラックスします。3〜4回ほど繰り返しましょう

| Dynamic | Static | **筋弛緩法** | Training |

バンザイポーズで
背中、肩をほぐす
-上半身の脱力ストレッチ２-

座りっぱなしで、背中が丸まった状態で仕事をしていると、背中、肩周辺のこりやだるさを覚えます。そこで、筋弛緩法で、慢性的なこりやだるさを緩和させましょう。

繰り返し3〜4回

1 骨盤を立てて、イスに浅く座ります

2 両手の手の平を上に向け、腕を上げます。手の平で天井を触るイメージで、できるだけ上げましょう

仕事の合間にできる筋弛緩法

TARGET

- 僧帽筋
- 体側部
- 広背筋

肩の関節と密接な関係にあるこれらの筋肉をほぐすことで、肩こりや首周りの違和感の緩和が期待できます

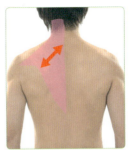

3

15秒ほど力強く上げ続け、一気に力を抜きます。30秒ほどリラックスします。3〜4回ほど繰り返し行ないましょう

上半身を反りすぎた姿勢はNGです

2
COLUMN

ストレッチと食事の関係

　酢をとっても体は柔らかくなりません。
　なぜこのような俗説が流れたのかはわかりませんが、未だに信じている方が多いようで、よく受ける質問の一つです。酢に関しては、疲労回復やカルシウムの吸収力アップ、高血圧を下げる等の効果が科学的に証明されています。しかし、酢をよく飲む人の柔軟性がアップしやすいという裏付けはありません。また酢以外の食材でも、摂取することで筋の柔軟性がアップするという物も存在しません。
　最近聞いた似たような話に、「生の野菜や果物は体を冷やすので、筋肉も硬くなる。そのため温野菜の方が筋肉が温まりやすいので柔軟性が上がる」、「生姜をたくさん摂るようになったら体も柔らかくなった」というものがあります。
　これらは個人の成果だと思いますが、科学的に根拠のあるものとしてどれも証明されていません。ということは普段からこまめにストレッチを行なうしか方法はないのです。
　食後と食前では、どちらのタイミングでストレッチを行なうと良いのか？　ということも特に気にする必要はありません。運動であれば食事の直前や直後だと腹痛や消化不良、低血糖等の原因になる場合がありますが、ストレッチは強度の高い動きではありませんので、さほど気にする必要はありません。しかし、うつぶせになったり腹部を圧迫するポーズがある場合には注意が必要な方もいるでしょう。

ストレッチは毎日の継続が最も大切です。自分が一番続けやすい、習慣化しやすいタイミングを見つけることを優先しましょう。

アンチエイジングを目的としたストレッチ

ここでは、姿勢維持に関与する、一般的に年齢と共に硬くなりやすいと言われている筋肉のストレッチを紹介していきます。アンチエイジングのためにしっかり行ないましょう。

警告

■ この本は、習熟者の知識や運動、技術をもとに、編集時に読者に役立つと判断した内容を記事として再構成し掲載しています。そのため、あらゆる人が本書で紹介している運動を成功させることを保証するものではありません。よって、出版する当社、および取材先各社では運動の結果や安全性を一切保証できません。運動により、物的損害や傷害の可能性があります。その運動上において発生した物的損害や傷害ついて当社では一切の責任を負いかねます。すべての運動におけるリスクは、運動を行なうご本人に負っていただくことになりますので、充分にご注意ください。

■ 本書は、2018年7月までの情報で編集されています。そのため、本書で掲載している商品の名称、仕様、価格等は、製造メーカーや小売店等により、予告無く変更される可能性がありますので、充分にご注意ください。

■ 写真や内容が一部実物と異なる場合があります。

| Dynamic | **Static** | 筋弛緩法 | Training |

壁を使って ふくらはぎをストレッチ
-腓腹筋のストレッチ-

壁を使って行なう、ふくらはぎのストレッチです。重心移動を上手に行なうことで、ふくらはぎの筋肉を無理なく伸ばすことができます。

1 つま先を壁に押し付け、後ろ脚に体重を掛けます

2 壁に手を着くことで、前脚側に体重移動しましょう。ふくらはぎの筋肉が伸びます

老人姿勢を撃退する静的ストレッチ

TARGET

■ **腓腹筋**

腓腹筋はふくらはぎを構成している筋肉の一部で、外側と内側に筋腹があります。そのためにつま先の方向を変えて伸ばしましょう

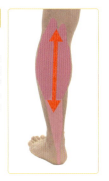

POINT
つま先の角度を左右に向けると、広範囲にストレッチできます

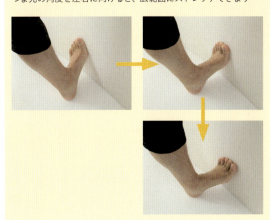

| Dynamic | **Static** | 筋弛緩法 | Training |

本を使って ふくらはぎをストレッチ
-後脛骨筋のストレッチ-

本に足を乗せることで、ふくらはぎから足の裏側に繋がる筋肉を伸ばします。柔軟性を保つことでアーチの落ち込みを予防します。

1 後ろ脚の外側に、適度な厚さの本を置きましょう

2 本の上に脚を乗せることで、脚が内側に倒れ、つま先は上に向きます。この動きで後脛骨筋が伸びます

老人姿勢を撃退する静的ストレッチ

TARGET

■ 後脛骨筋

後脛骨筋はふくらはぎの中にある筋肉の1つ。つま先立ちになったり、脚を内側に向ける時に働きます

VARIATION

タオルを使ったストレッチでも、後脛骨筋を伸ばせます。この場合は、脚の外側にタオルを強く引くことがポイントです

POINT

足の置き方は、この写真を参考にしてください

| Dynamic | **Static** | 筋弛緩法 | Training |

四つん這いで 股関節をストレッチ
- 内転筋群のストレッチ -

四つん這いの状態で行なう股関節のストレッチです。自分の体重を掛けることで、股関節を少しずつ開いていきましょう。手を使って、体重の掛り具合を調節してもOKです。

1

四つん這いになり、体重を掛けながら、ヒザを外側に広げます

VARIATION

両脚を伸ばした状態で開く方法もあります

146　アンチエイジングを目的としたストレッチ

老人姿勢を撃退する静的ストレッチ

TARGET

■ **内転筋群**

内転筋群は、脚の内側にある筋肉で、歩行時等に股関節の安定のために働く筋肉です

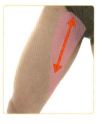

2

ヒザを外側に広げると、脚の内側が伸びます。身体が硬い人は、手で体重の掛り具合を調節しましょう

| Dynamic | **Static** | 筋弛緩法 | Training |

片ヒザ立ちで伸ばす太ももの裏のストレッチ
-ハムストリングスのストレッチ-

ハムストリングスは、肉離れを起こす危険性がある筋肉の1つ。予防のために、片ヒザ立ちの姿勢で、ハムストリングスを伸ばすストレッチを行ないましょう。

1 片ヒザ立ちの状態になり、両手を地面に着けます

2 身体を後ろに引くことで、立てていたヒザを伸ばします。この時、ヒザを完全に伸ばさず、少し曲げておくとハムストリングスのみ伸ばすことができます

老人姿勢を撃退する静的ストレッチ

TARGET

■ ハムストリングス

ハムストリングスは、太ももの裏側の大腿二頭筋、半膜様筋、半腱様筋の3つの筋肉の総称です

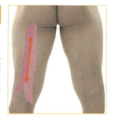

POINT

前かがみの方が、ストレッチの強度が高まります。しかし、身体が硬い人の場合は、上体を起こしてストレッチしても構いません

SP

うつぶせで太ももの筋肉をストレッチ
-大腿四頭筋のストレッチ-

うつぶせの状態で行なう太ももの前のストレッチです。この大腿四頭筋が硬くなると、腰痛の原因になります。そのため、しっかり伸ばしておきたい筋肉の1つです。

1
うつぶせになり、片脚を曲げます。また、もう片方の脚は横に広げヒザを90°に曲げましょう

2
持ち上げている足のかかとがお尻に当たるように曲げます。脚を真っ直ぐに曲げ、大腿四頭筋を伸ばしましょう

老人姿勢を撃退する静的ストレッチ

TARGET

■ 大腿四頭筋

大腿四頭筋は、太ももの前にある筋肉。骨盤とヒザを繋いでいます

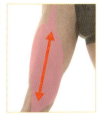

VARIATION

身体が硬い人の場合、タオルを足に掛けて行なっても良いでしょう。大腿四頭筋をしっかりと伸ばすことを意識します

タオルを掲げて脚の付け根をストレッチ
-腸腰筋のストレッチ-

タオルを使うことで身体が安定しやすくなり、脚の付け根をしっかり意識できます。付け根周りの筋肉は、太ももの上げ下げに関連するため、衰えると転びやすくなる恐れがあります。

1 片ヒザを立て、もう片方のヒザを地面に着けます。この状態でタオルを両手で持ち、頭の前に上げましょう

POINT
立てているヒザは、90°に曲げましょう

アンチエイジングを目的としたストレッチ

老人姿勢を撃退する静的ストレッチ

TARGET

■ 腸腰筋

腸腰筋は、腰椎と骨盤、脚の付け根を繋ぐ筋肉です。主に、太ももの上げ下げをする役割を果たしています

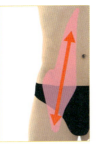

2

両手を後ろに倒します。この動きで、脚の付け根を伸ばせます

背中がまるまったままだと、ターゲットをストレッチできません

| Dynamic | **Static** | 筋弛緩法 | Training |

脚の外側を伸ばすストレッチ
-大腿筋膜張筋のストレッチ-

あぐらを組んだ状態で脚の外側の筋肉を伸ばしましょう。足を手で持つ部分が重要です。このストレッチを行なうことで、股関節の可動域が広がります。

1 あぐらを組んだ状態になり、片足を反対側の手で持ち上げます

2 持ち上げた脚のヒザを軽く伸ばします。反対方向に引っ張ると、脚の外側が伸びます

老人姿勢を撃退する静的ストレッチ

TARGET

■ 大腿筋膜張筋

大腿筋膜張筋は、脚の側面にある筋肉です。主な役割は、股関節を曲げる時や脚を広げる時等です

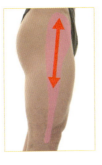

POINT
足の外側を手で掴んで引くことがポイント。内側から引くと、正しい効果は得られません

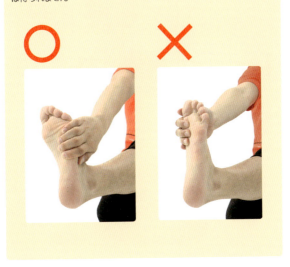

| Dynamic | **Static** | 筋弛緩法 | Training |

身体をひねって お尻のストレッチ
-梨状筋のストレッチ-

お尻の内部にある筋肉を伸ばすストレッチです。お尻の内部の筋肉が硬くなると、座骨神経痛の原因になります。身体を上手くひねることで、筋肉をしっかり伸ばしましょう。

1

あぐらを組み、片脚を反対側の脚の外側に置きます

156　アンチエイジングを目的としたストレッチ

老人姿勢を撃退する静的ストレッチ

TARGET

■ **梨状筋**

梨状筋は、お尻の筋肉の中でも、奥まった場所にある小さな筋肉

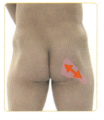

POINT

ヒザは内側に倒します。倒す方向を間違えないように注意しましょう

2

上体は外側の脚と反対を向くようにひねりましょう。これで、お尻の内部の筋肉を伸ばすことができます

| Dynamic | **Static** | 筋弛緩法 | Training |

身体を丸めて背中をストレッチ
-脊柱起立筋のストレッチ-

背中にある大きな筋肉を伸ばします。タオルを使ってストレッチをすることで、背中をしっかりと丸めることができます。背骨を1つずつ曲げるイメージで伸ばしましょう。

1

あぐらを組んで座り、タオルの端をお尻の下に敷きます。そして、もう片方のタオルの端を、頭の上で持ちましょう

老人姿勢を撃退する静的ストレッチ

TARGET

■ 脊柱起立筋

脊柱起立筋は、背中にある大きな筋肉です。この筋肉は、背中を反らせる時に力を発揮します

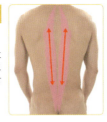

2

タオルを引っ張り、少しずつ背中を丸めます。これで、脊柱起立筋を伸ばします

| Dynamic | **Static** | 筋弛緩法 | Training |

ダンベルを使って側屈ストレッチ
-腰方形筋のストレッチ-

腰の深層部にある筋肉のストレッチです。腰の筋肉をストレッチすることは、老人姿勢の予防や腰痛の緩和に繋がります。

1 イスに座り、片手は頭の後ろに回し、もう片方の手に1kg程度のダンベルを握ります

アンチエイジングを目的としたストレッチ

老人姿勢を撃退する静的ストレッチ

TARGET

■ **腰方形筋**

腰方形筋は、身体の深い位置で、骨盤と脊柱を繋いでいる筋肉です。姿勢の維持に大きな役割を果たします

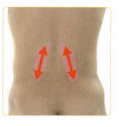

2

ダンベルの重量を使い身体を斜め前に倒します。肋骨を骨盤から離す意識で伸ばしましょう

SP（背面）

NG

上半身を真横に倒してもターゲットが狙えません

| Dynamic | **Static** | 筋弛緩法 | Training |

タオルでバンザイ
胸のストレッチ
-大胸筋のストレッチ-

美しい姿勢を保つには、大胸筋のストレッチも欠かせません。このストレッチをすることで、猫背の予防に繋がります。

1 イスに座った状態で、タオルを持った腕を頭の上で広げます

VARIATION
このストレッチは、バランスボールを使ってもできます

アンチエイジングを目的としたストレッチ

老人姿勢を撃退する静的ストレッチ

TARGET

■ 大胸筋

大胸筋は、鎖骨、胸骨、肋骨の3カ所に繋がっている筋肉です。上半身の姿勢にも大きく影響します

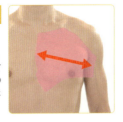

2

腕を後ろに倒すことで、肩甲骨を寄せ、大胸筋を伸ばします
※硬い方はできるだけ長いタオルを使うとやりやすくなります。肩に痛みがでるほど無理に行なわないように注意して下さい

POINT

イスに座った時に、骨盤の角度を意識しましょう。骨盤が後傾することで、胸が伸びにくくなってしまいます

| Dynamic | **Static** | 筋弛緩法 | Training |

首の筋肉をストレッチ
-僧帽筋のストレッチ-

首周りの筋肉を伸ばすストレッチです。このストレッチは、肩こりの緩和に役立ちます。体幹部が側屈しないように注意しつつ、しっかりと伸ばしましょう。

1
片手を頭の上に置き、もう片方の手は、甲の部分を腰に付けます

VARIATION
ダンベルを使ったストレッチ方法もあります

164　アンチエイジングを目的としたストレッチ

老人姿勢を撃退する静的ストレッチ

TARGET

■ 僧帽筋

僧帽筋は、背中の一番上部の筋肉です。首の付け根辺りから両肩、そして背骨にかけて位置しています

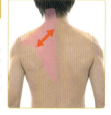

2

頭の上に置いている手をゆっくり引き、僧帽筋上部を伸ばします

腰に手の甲を当てておかないと、肩が上がりやすくなってしまい伸びづらくなってしまいます

| Dynamic | **Static** | 筋弛緩法 | Training |

頭を引いて首をストレッチ1
-肩甲挙筋のストレッチ-

肩こりを緩和するには、このストレッチも有効。ターゲットの肩甲挙筋をしっかり伸ばすように意識しましょう。また、首周りは強い力や反動を使って曲げないように注意します

1

上げた手と反対側の後頭部を抑えましょう

NG 肩を完全に下ろしてしまうと、ターゲットの筋肉が僧帽筋になります。そのために、手をヒザに置きましょう

老人姿勢を撃退する静的ストレッチ

TARGET

■ 肩甲挙筋

肩甲挙筋は、肩を構成している筋肉の一部です。肩甲骨を上方に引き上げる役割を果たします

POINT

伸ばしたい側とは反対の手で、頭の後ろ側面を掴みましょう

2

頭を引きます。若干横側に倒れるように首を曲げましょう

| Dynamic | **Static** | 筋弛緩法 | Training |

頭を引いて首のストレッチ２
-胸鎖乳突筋のストレッチ-

首のやや正面側の筋肉を伸ばすストレッチです。抑えた手で頭を横に倒して、首の筋肉をきちんと伸ばしましょう。このストレッチは、姿勢を良くすることにも繋がります。

1

頭の上に手を置き、反対側の手は、甲を腰に当てます

168　アンチエイジングを目的としたストレッチ

老人姿勢を撃退する静的ストレッチ

TARGET

■ **胸鎖乳突筋**

胸鎖骨乳突筋は、鎖骨から頭を結ぶ筋肉です。首を曲げたり回転する作用をします

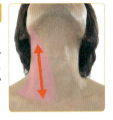

2

目線を上に向けて、頭を横に倒します。首の前側を伸ばしましょう

NG 肩が上がってしまうとターゲットの筋肉が伸びません

| Dynamic | **Static** | 筋弛緩法 | Training |

あっち向いてホイ ストレッチ
-斜角筋のストレッチ-

首の後ろ側の筋肉を伸ばすストレッチです。イスに腰を掛けた状態で行ないましょう。また、顔を回す時は、反動を付けるのではなく、軽い力で行なうようにします。

1

イスに座った状態で、肩の力をぬいて顔を正面に向けます

POINT
手を太ももの上においておく事で、ターゲットを効率的に伸ばすことができます

アンチエイジングを目的としたストレッチ

老人姿勢を撃退する静的ストレッチ

TARGET

■ 斜角筋

斜角筋は、脊椎付近にある筋肉です。頭を横に向ける役割を果たしています

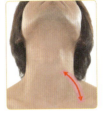

2

伸ばしたい筋肉とは、反対方向の斜め上を向きます。この動きで筋肉を伸ばします

NG

頭を回した時に、目線が下がっていると、ターゲットの筋肉を伸ばせません

3

COLUMN

スポーツに関するクールダウンについて

　スポーツをした後にクールダウンをしっかり行なっているでしょうか？　やらなくてはいけないのは薄々分かっているが、どのような意味があるのか不確かなために、行なっていない方が多いのではないでしょうか？

　スポーツをすると心拍数は上がります。強度が高ければ高いほど心拍数も比例して上がります。これは筋肉に血液を多量に送り、筋活動に必要な酸素や栄養素を運ぶためです。しかし送られた血液は体内で循環しているわけですから、筋の収縮運動が血管も同時に収縮させ、心臓と筋肉の両方で循環を行なっています。しかし激しい運動の後に、急に脚を止めてしまうとどうなるでしょうか？　急に心拍数は下がりませんので、今まで2つのポンプで循環を行なっていたのに対し、急に1つが停止したらもう一つのポンプへの負担は大きくなってしまいます。1つになったポンプ（心臓）で循環を継続しなければならないので、運動が終わったのにも関わらず心拍数が更に上がってしまいます。このようなことが起きないように徐々に運動量を減らしていく必要があります。これが「心臓に負担がかかるので、急に脚を止めずクールダウンを行ないなさい」と言われる意味です。

　安全面以外にもクールダウンの目的として、疲労回復を早める効果もあります。では、具体的にクールダウンとしてどのような運動を

行なえば良いのかというと、メインで行なった運動と同じ運動を軽めに行なえばいいのです。例えばランニングなら軽めのジョグ、自転車なら回転数や負荷を下げて軽めに漕ぐ、野球であれば軽めのキャッチボール等を行なうと良いでしょう。このちょっとしたクールダウンを行なうだけで次の日の疲労感が違ってきます。アスリートであれば、次の日も練習があるでしょう。一般の方であれば、せっかく運動したのに疲労感が残ったままで次の日は一日寝ている…なんてことも。これでは、せっかく消費カロリーアップを狙って行なった運動なのに意味がありません。面倒に感じると思いますが5分程度でも良いので実践してみてください。次の日の感覚が違ってきます。もちろんこの後にストレッチを行なう事も忘れずに。

4

COLUMN

ストレッチでヤセ体質になるか？

　ストレッチを毎日行ない、柔軟性がアップすればヤセやすい体質になるか？　確かに太っているバレリーナは見たことがないので、柔らかければ柔らかいほどヤセやすい体質になるのでは…と思う女性は多いのではないでしょうか？　しかし、必ずしもヤセている人＝柔軟性がある人ではありません。ダイエットの基本は摂取カロリーよりも消費カロリーが上回ること。摂取カロリーが過剰であれば筋肉量があろうと、柔軟性があろうとヤセることは不可能でしょう。ストレッチ自体の消費カロリーは非常に低いので、ストレッチだけで消費カロリーを稼ぐための運動として捉えることは難しいでしょう。

　ただし、間接的であれば、柔軟性があがる事によってヤセやすい体質になるとは言えます。

　体が硬いと関節の動きに制限がかかり動かしにくくなる、そうなると動くのが面倒になり、生活での消費カロリーが下がります。疲労物質も溜まりやすくなるので、更に非活動的になるという悪循環が生じます。また、柔軟性の低下やアンバランスは反り腰や猫背等の原因にもなり、姿勢が悪くなると様々な部位に不調をきたすようになります。肩こりや腰痛の症状が出始めると更に動くのが面倒になるでしょう。タクシーやエレベーターを使う生活が当たり前になってきていませんか？　結果的に筋量の減少にも繋がり、基礎代謝の低下になっているのです。

また筋肉内部の血管が圧迫され、血液の循環が悪くなります。筋肉はしなやかに収縮と伸張を繰り返すことによって循環を促す、つまりポンプのような役割をしているのです。この筋ポンプの働きが悪い状態では、血行が悪くなりエネルギー代謝も低下すると言われています。そして、基礎代謝量も減り、太りやすい体質になる可能性は考えられます。

　基本は摂取カロリーと消費カロリーのバランス。そして基礎代謝を上げる為に筋トレを行ない筋量をアップさせる。この2つがダイエットの基本です。そしてストレッチの習慣化で、柔軟性のある筋肉にすることによって、日常生活での活動量も自然とあがり、さらにヤセやすい体質作りに役立つと言えるのです。

ランナーのための
ストレッチ

ランニングの障害予防のストレッチを紹介します。準備運動で行なって欲しい動的ストレッチと、ランニング後に行なって欲しい静的ストレッチに加え、トレーニングも紹介します。

警告

■ この本は、習熟者の知識や運動、技術をもとに、編集時に読者に役立つと判断した内容を記事として再構成し掲載しています。そのため、あらゆる人が本書で紹介している運動を成功させることを保証するものではありません。よって、出版する当社、および取材先各社では運動の結果や安全性を一切保証できません。運動により、物的損害や傷害の可能性があります。その運動上において発生した物的損害や傷害ついて当社では一切の責任を負いかねます。すべての運動におけるリスクは、運動を行なうご本人に負っていただくことになりますので、充分にご注意ください。

■ 本書は、2018年7月までの情報で編集されています。そのため、本書で掲載している商品の名称、仕様、価格等は、製造メーカーや小売店等により、予告無く変更される可能性がありますので、充分にご注意ください。

■ 写真や内容が一部実物と異なる場合があります。

| Dynamic | Static | 筋弛緩法 | Training |

ストライドを広げる
脚振りストレッチ前後
-レッグスイング フロント&バック-

ランニングのストライド（歩幅）を広げると、運動効率が上がります。この動的ストレッチは、リラックスした状態で、太ももの表側と裏側を使っているのを感じながら行ないましょう。

繰り返し20回

ウォーミングアップ・動的ストレッチ

TARGET

- ハムストリングス
- 大腿四頭筋
- 腸腰筋

無理なく股関節周辺の動きを良くし、太ももの前と裏の筋肉をバランスの良い状態へと導くストレッチです

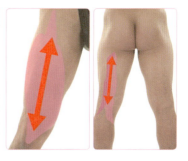

脚の付け根を意識しながら、後ろから前に脚をリズミカルにスイングさせます。徐々に大きくスイングして、股関節の可動域を広げていきましょう

| Dynamic | Static | 筋弛緩法 | Training |

ストライドを広げる
脚振りストレッチ左右
-レッグサイドスイング-

立った状態から片脚を左右にスイングし、太ももの内側と外側を伸ばす動的ストレッチです。ターゲットの筋肉を動かしているのを感じながら、少しずつスイング量を増やしていきます。

繰り返し
20回

ウォーミングアップ・動的ストレッチ

TARGET

■ 股関節周辺

■ 内転筋群

左右均等なスイングができるようになることで、股関節周辺の筋のバランスが良くなり、障害予防に繋がる運動です

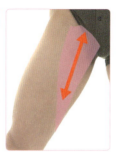

脚を振り上げた時に、内ももの筋肉に意識をします。ストレッチ中にふらつかないためには、軸を意識し、両腕の自然なスイングでリズミカルに行いましょう

ストライドを広げる
脚回しストレッチ
-レッグサークルスイング-

片脚を持ち上げて、脚の付け根からヒザで円を描くストレッチ。骨盤が動き、股関節周辺の筋肉に働きかけます。付け根や骨盤自体まで回転するイメージで行ないましょう

繰り返し 20回

ハードルをまたぐ感覚で繰り返し、リズミカルに行ない股関節をほぐします

ウォーミングアップ・動的ストレッチ

TARGET

- 内転筋群
- 回旋筋群

股関節や内転筋群は日常生活ではここまで大きく動かすことのない筋肉です

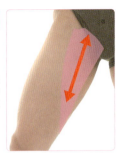

NG

ランニングを目的とするので、回すヒザが、もう反対の脚を超えないように注意します

| Dynamic | Static | 筋弛緩法 | Training |

ストライドを広げる
シコ踏み風ストレッチ
-四股水平運動-

相撲の四股(しこ)のような形から、左右に腰を水平移動させる動的ストレッチです。小さな振り幅から始め、少しずつ振り幅を増やしていくのがポイントです。

繰り返し
20回

1

脚を開いて、腰を落とします

ウォーミングアップ・動的ストレッチ

TARGET

- 内転筋群
- 臀筋群
- 股関節周辺

動きを入れたストレッチで、お尻のスイッチをONにします。このストレッチで、走る準備に繋がります

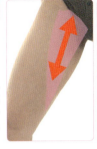
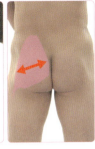

2

腰を左にスライドさせます。腰の高さを変えずに伸ばし、リズミカルに繰り返します

2

腰を右にスライドさせます。腰の高さを変えずに伸ばし、リズミカルに繰り返します

| Dynamic | Static | 筋弛緩法 | Training |

横ステップの腰落としストレッチ
-サイドランジ&ニーリフト-

股関節の動きをよくする動的ストレッチです。横に歩幅を広げながら腰を落とします。歩幅は少しずつ広げていきましょう。

繰り返し20回

ウォーミングアップ・動的ストレッチ

TARGET

- 腸腰筋
- 内転筋群
- 臀筋群
- 股関節周辺

左右、上下とより大きく股関節を広げて無理のない脚運びを得ることができるストレッチです

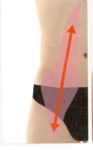
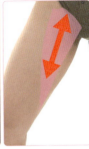

ヒザを胸に近づけるイメージで上げ、腰を落としながらサイドに着地します。常に脚の付け根にあるターゲット部位を意識してリズミカルに繰り返しましょう

| Dynamic | Static | 筋弛緩法 | Training |

後ろステップの腰落としストレッチ
-バックランジ&ニーリフト-

腰を落としながら、後ろ側に片脚を出すバックランジとヒザ上げを組み合わせた動的ストレッチです。ターゲットを意識し、前後の脚の振り幅は、少しずつ広げていきます。

繰り返し20回

立った姿勢から、腰を落としながら片脚を下げます。脚の付け根が伸びていることを意識します。ヒザが胸に近づくイメージで引き上げ、徐々にこの振り幅を広げていきましょう。繰り返しリズミカルに行ないます

ウォーミングアップ・動的ストレッチ

TARGET

- 腸腰筋
- 臀筋群
- 股関節周辺

ランニング動作をイメージしやすいストレッチです。脚だけでなく、腕の振りも合わせることがポイントです

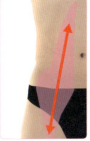
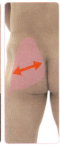

POINT
ヒザを持ち上げるイメージに加えて、全身を上に引き上げるイメージを持ちましょう

| Dynamic | Static | 筋弛緩法 | Training |

上体ひねり歩き
-コンパウンドランジウォーク-

前に踏み込みながら腰を落とす動的ストレッチです。ケガを予防するために、踏み込んだ側のヒザがつま先よりも前に出ないように注意しましょう。

繰り返し
20回

1

前に踏み込みながら、出した脚の方向に身体をひねります。慣れてきたら自分のカカトをタッチしましょう

ウォーミングアップ・動的ストレッチ

TARGET

- 腸腰筋
- 大腿部
- 体側部

股関節周りの筋肉に加え、体側の筋肉も動かすことができます

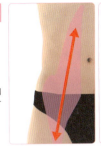

2

反対側にもひねります。リズミカルに大股で前進していくイメージで繰り返します

| Dynamic | Static | 筋弛緩法 | Training |

肩周りを滑らかに操作する肩甲骨コントロール術
-肩関節の前後開閉運動-

ランニング時にスムーズな腕振りと肩や背中の張りの軽減を目的としたストレッチです。肩甲骨周辺の筋肉をリズミカルに動かします。

繰り返し20回

1 両手を合わせ、腕を大きく振り上げます

2 手の平から甲へ向きを変え、肩甲骨を寄せるイメージで、両ヒジを引き下ろします

ウォーミングアップ・動的ストレッチ

TARGET

■ 肩甲骨周辺

■ 僧帽筋

走行時の腕の振りの左右差を無くし、スムーズに、長時間走っても肩周りが疲れないためのストレッチです

POINT
左右の肩甲骨が寄る動きを意識しながら動かします

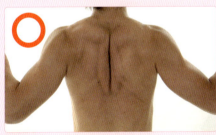

| Dynamic | Static | 筋弛緩法 | Training |

肩甲骨周りの動的ストレッチ
-肩甲骨の垂直引き上げ運動-

肩甲骨周辺の筋肉をほぐすストレッチです。両腕をできる限り脱力させることがポイントです。ランニング時の背中の張りの軽減にもつながるストレッチです。

繰り返し20回

1 脚の付け根から身体を前方にくの字に曲げます。そして、片手をイスに置き、もう片方の手をだらりと下げます

2 肩甲骨を引き寄せるように腕を上げ、戻す時に一気に脱力して地面に落とします。片側20回を目安にリズミカルに行ないます

ウォーミングアップ・動的ストレッチ

TARGET

- 肩甲骨周辺
- 菱形筋

非日常的な動作。片側ずつ肩甲骨を引き寄せて、眠っている筋肉を目覚めさせましょう

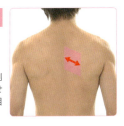

POINT

腕は脱力した状態からスタートします

| Dynamic | **Static** | 筋弛緩法 | Training |

肩甲骨周りの
ストレッチ
-肩甲骨周辺の静的ストレッチ-

推進力を生み出す大きな腕振りと、ランニング中の背中の張りを軽減するための静的ストレッチです。常に肩甲骨の動きを意識しながらストレッチしましょう。

1 胸の前で手を組みます

2 肩甲骨を広げ（外転）て背中を丸めながらストレッチします

クールダウン・静的ストレッチ

TARGET

- 僧帽筋
- 脊柱起立筋

両サイドの肩甲骨を脊柱より離すようにそして、大きなボールを抱えるイメージでストレッチしましょう

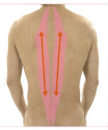

VARIATION

左右にひねりを加えると、より広範囲にストレッチ効果が高まります

NG

肩をくぼめた状態では効率よくストレッチできません

| Dynamic | **Static** | 筋弛緩法 | Training |

弓なりポーズで
一度にたくさん伸ばす
- 体側の静的ストレッチ -

太もも、臀部、腰、背中、脇の側面を伸ばしすストレッチです。腰や背中の角度を調整することで、広範囲に伸ばすことができます。伸ばしたい側の反対の脚に体重を乗せましょう。

脚をクロスさせ、前に来る脚と同じ側の手を上げます

クールダウン・静的ストレッチ

TARGET

- 広背筋
- 腰方形筋
- 中臀筋
- 大腿筋膜張筋

体側のストレッチ。身体を弓なりに大きく、脚と手をより遠くへ引き伸ばすことで柔軟性を高めます

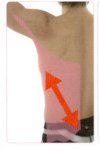
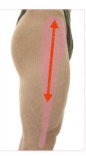

2

もう片方の手を上げて、その手首をつかみ、身体を倒します

POINT

上げた手のひらは前に向けます

| Dynamic | **Static** | 筋弛緩法 | Training |

ふくらはぎの
静的ストレッチ
-下腿三頭筋のストレッチ-

3方向に伸ばすことで、ふくらはぎの筋肉を広範囲にストレッチできます。

1 腰から「く」の字に身体を折り、片脚をふくらはぎに乗せて前に重心を移動させます。この時、地面に付いている脚のカカトは床に着け、ヒザはできるだけ伸びきっている状態を保ちます

2 カカトの向きを外側に向けると、ふくらはぎの内側が伸びます

2 カカトの向きを内側に向けると、ふくらはぎの外側が伸びます

クールダウン・静的ストレッチ

TARGET

■ 腓腹筋

■ ヒラメ筋

飛ぶ、走る、着地する、足首を伸ばして地面を蹴るといった走る動作にも欠かせない筋肉のストレッチです

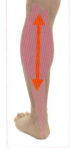

床からカカトが浮いて、ヒザが曲がっていると効率よくターゲットを伸ばせません

頭を上げると頸椎に負担が掛かります

症状別の障害予防ストレッチ

腰痛症の原因と対処法

ランニングで起こる障害に腰痛があります。この腰痛の原因の1つに、骨盤の歪みが考えられます。骨盤の歪みは、腰周りの筋肉、筋膜、腱、靱帯等に強い負荷が掛かり、部分的に損傷したり、炎症を起こしている時に起こりやすくなります。

骨盤を支えている筋力の低下や柔軟性の低下が原因で、骨盤の角度が崩れ、腰痛につながるのです。

慢性的な筋肉疲労も原因の1つと言えます。

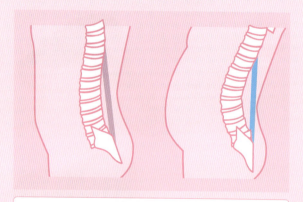

腰背部の柔軟性低下による腰痛

腰背部の柔軟性が低下することで、背骨の曲がり方がきつくなり、腰痛を起こす原因になります

※青色表示の部位が柔軟性低下を示しています

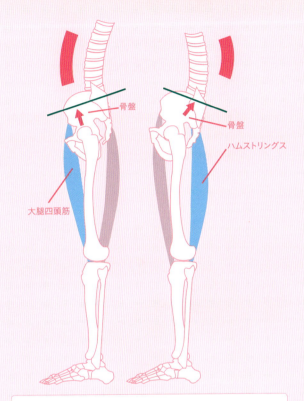

大腿四頭筋とハムストリングスのアンバランス

大腿四頭筋とハムストリングスの筋力や柔軟性のバランスが崩れると、骨盤のニュートラルが維持できずに歪んでしまいます

※青色表示の部位が柔軟性低下を示しています

| Dynamic | **Static** | 筋弛緩法 | Training |

腰痛を予防する腰周りのストレッチ
-腰部、臀部周辺のストレッチ-

ランニング時の腰痛を予防するためのストレッチです。このストレッチのポイントは、組んでいる脚の位置を変えることで、広い範囲の筋肉を伸ばすことです。

1

仰向けに寝た状態で、片脚を交差させます。身体をひねった状態になるため、腰とお尻の筋肉が伸びます

※その他にP56、P60、P66等のストレッチも必要です

症状別の障害予防・静的ストレッチ

TARGET

- 臀筋群
- 脊柱起立筋群

上半身の姿勢を維持して前に歩く、走ることで疲労が溜まりやすい筋肉。マメに予防やケアを行ないましょう

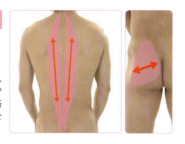

NG 肩が浮いてしまうとうまく伸びません

2

脚の伸び具合や角度を変えることで、筋肉の伸びる位置を調整できます

症状別の障害予防ストレッチ

腰の痛みや脚のしびれを引き起こす
梨状筋症候群・恥骨結合炎等

骨盤の辺りにある梨状筋が炎症を起こしていたり、過度の緊張状態にあると、その下を通っている座骨神経を圧迫します。その結果、神経が走っている位置に痛みが出るか、神経の圧迫によって太ももから足先に掛けてのしびれといった症状が出ます。この症状は、ハードなトレーニングを積むスポーツ選手に多く見られます。

腰痛の原因が炎症であればアイシングで対処します。そして、梨状筋の過度の緊張状態や足先の突っ張り感がある場合には、ストレッチで筋肉の緊張状態をほぐすのが、症状の軽減や予防に効果的と考えられています。

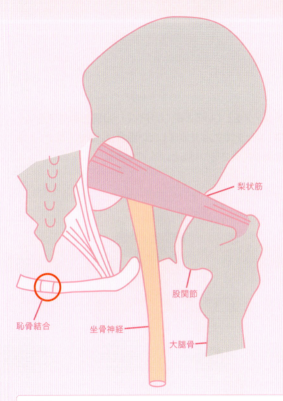

梨状筋

予防策としては、大腿四頭筋とハムストリングスをバランスよく鍛えることも大切です。さらに、日常生活から、腰に負担の掛かる姿勢を取らない、オーバートレーニングに注意する、ストレッチで柔軟性を保つといった意識が大切です

| Dynamic | **Static** | 筋弛緩法 | Training |

腰周りの違和感解消ストレッチ
-梨状筋の静的ストレッチ-

ランニングをしていると硬くなりやすい股関節の筋肉をほぐすストレッチです。より伸ばしたい場合は、ヒザ下にクッションを敷いて高さをつけると、良いでしょう。

1 うつぶせになり、手で足首をつかみます

NG 床から腰が浮かないように注意します

症状別の障害予防・静的ストレッチ

TARGET

■ 梨状筋

ランナーにとってケアを忘れがちな、臀部の深層部にある筋肉。表層筋肉と同様に時間をかけて伸ばしましょう

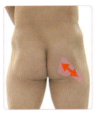

2

脚を外側に倒して10秒程度キープした後、ゆっくり脚をもとの位置に戻します。この動作を繰り返しましょう

VARIATION

より伸ばしたい方は、ヒザの下にクッションを置く方法があります

※その他にP106、P118、P156のストレッチでも同じ所がストレッチできます

| Dynamic | **Static** | 筋弛緩法 | Training |

お尻に効く 身体折り曲げストレッチ
-臀部、股関節周辺の静的ストレッチ-

お尻の疲労軽減を目的にしたストレッチです。また、このストレッチをすることで、腰の痛みの予防にも繋がります。

ヒザを90°に曲げて座ります。肩の力を抜き、ゆっくり息を吐きながら正面に上半身を倒します。また、上半身を左右に倒すと、お尻の筋肉を広い範囲で伸ばすことができます

症状別の障害予防・静的ストレッチ

TARGET

■ 臀筋群

面積が広く、多方向へも動く臀筋群。疲労を感じ、違和感が生まれる前に予防として行なうストレッチです

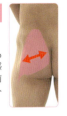

症状別の障害予防ストレッチ

すねの辺りが痛い
シンスプリント等の原因と予防

ランナーに起こりやすい障害にすねのあたりの痛みがあります。
このスポーツ障害は、シンスプリントと呼ばれ、ランニング中に
症状が出ます。疲労骨折と同じ原因で起こりますが、症状が軽
く、骨膜（骨を覆う膜）までの損傷の場合をシンスプリントと呼
びます。
この障害の原因の1つは、ウォームアップやクールダウンが不
充分で、疲労が慢性的に蓄積していることと言われています。
そのため、張りや違和感を感じている部分のアイシングやストレッ
チ、オーバーユースを防ぐことなど大切です。

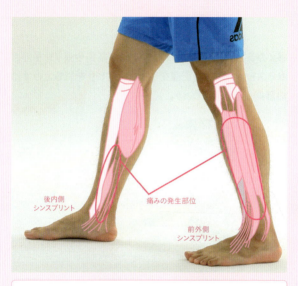

シンスプリントに関連して炎症を起こす可能性が高い場所があります。特に、前脛骨筋と後脛骨筋が挙げられます。脛骨の中下1/3辺りや、後部の内側に発生する事が多いのが特徴です。脛骨周辺を押すと痛みますが、骨そのものには異常が無い状態です

※P214、P216以外にもP142、P144等のストレッチが必要です

| Dynamic | **Static** | 筋弛緩法 | Training |

すね痛予防 正座ストレッチ
-前脛骨筋のストレッチ-

多くのランナーが発症しやすいすねの鈍痛や張りを予防させるストレッチです。正座をした状態でヒザを持ち上げすねの筋肉を伸ばしましょう。

1

正座をします。マット等を敷くと楽になります

症状別の障害予防・静的ストレッチ

TARGET

■ 前脛骨筋

歩く、走る、つま先を上げる動作等で使う筋肉。柔軟性が悪くなると炎症しやすくなることがあります

VARIATION

ヒザの下にクッションを置くことで、両すねを同時に伸ばすこともできます

2

片方のヒザを両手で持ち上げ、少しずつすねの筋肉を伸ばします。ヒザを持ち上げる角度や方向を変えれば、広範囲に渡って筋肉を伸ばすこともできます

| Dynamic | **Static** | 筋弛緩法 | Training |

正座で足裏伸ばしストレッチ
-足底筋群の静的ストレッチ-

足裏の筋肉を伸ばすことで、ランニングによる疲労を軽減するストレッチです。正座をした状態からつま先を立て、体重を掛けることで足裏を伸ばしましょう。

正座をした状態で、つま先を立て体重を掛けます。足の裏を伸ばすことを意識して、カカトを身体の内側と外側に動かしましょう。これで、足裏全体の筋肉を伸ばすことができます

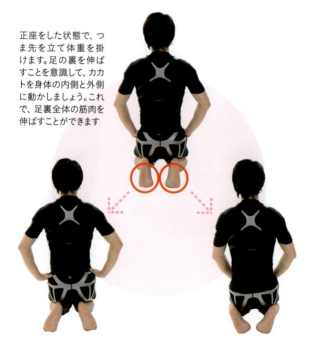

症状別の障害予防・静的ストレッチ

TARGET

■ 足底筋群

ふくらはぎの動作を助ける筋肉。ランナーにとってケアがもっとも必要ですが、見落としがちな部位でもあります

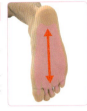

VARIATION

片脚のつま先だけを立てて足の裏を伸ばしても構いません。また、テニスボールや青竹踏み等を使って足裏の筋肉を伸ばすこともできます

症状別の障害予防ストレッチ

ヒザ下の内側が痛い
鵞足炎(がそくえん)

ヒザを伸ばした時に痛みを感じるのは、鵞足炎の疑いがあります。ヒザ下の内側には、縫工筋、薄筋、半腱様筋という3種類の筋肉が通っており、この部分の構造がガチョウ(鵞鳥)の足に似ていることから鵞足と呼ばれます。地面を蹴った側のヒザを曲げて引きつける動きを繰り返すことで、この部分に圧痛が出ることがあります。

予防としては、ヒザ周りの筋肉に加えて、股関節周りや太もも周りの筋肉のこわばりを解消する事が大切です。さらに、足首、ヒザ、股関節の可動域が正常な状態に戻ると、症状が軽減する可能性があります。

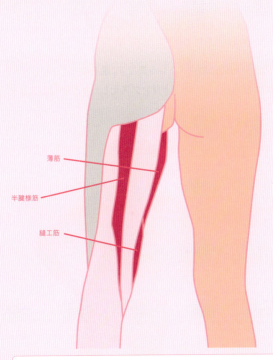

- 薄筋
- 半腱様筋
- 縫工筋

> 鵞足部分だけではなく、股関節周りの筋肉と、大腿四頭筋、ハムストリングス、ふくらはぎ周辺の筋肉の柔軟性も取り戻しましょう

※P220、P222、P224以外にもP90、P94、P142、P150等のストレッチも必要です

| Dynamic | **Static** | 筋弛緩法 | Training |

ヒザ痛予防伸脚ストレッチ
-ハムストリングスの広範囲ストレッチ-

ヒザ痛予防のためのストレッチです。息をゆっくり吐きながらヒザを伸ばし、ハムストリングスをしっかり伸ばしましょう。

1 片ヒザ立ちの状態から脚を前に投げ出し、つま先を上に向け軽くヒザを曲げます。両手はヒザの上を軽く掴みましょう

症状別の障害予防・静的ストレッチ

TARGET

■ ハムストリングス
（半腱様筋・半膜様筋・大腿二頭筋）

ハムストリングスは大臀筋とともにランニング、ジャンプ、スキップでよく使われます

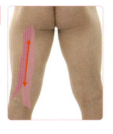

NG

ヒザが曲がりすぎると、効果が得られません

2

つま先を外側に倒し、息を吐きながら、ヒザをゆっくり伸ばし体を前傾させていきます

| Dynamic | **Static** | 筋弛緩法 | Training |

太もも全体を ストレッチ
- 大腿四頭筋のストレッチ -

4つの筋肉から構成される、大腿四頭筋を伸ばすストレッチ。柔軟性を維持し、腰痛、ヒザ痛の予防が目的です。腰痛がひどい場合は、床に横になって行なうと良いでしょう。

NG あごを上げたり、腰を反らさないように注意します

222　ランナーのためのストレッチ

症状別の障害予防・静的ストレッチ

TARGET

■ **大腿四頭筋（外側広筋・内側広筋・中間広筋・大腿直筋）**

ヒザ関節を伸展させる時に使います。非常に大きな面積を持ち、大きな力を発揮する筋肉です

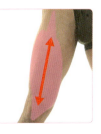

POINT
3方向に伸ばす3wayストレッチで、ストレッチ効果を高めましょう

足の甲を手でつかみ、大腿四頭筋を伸ばします。角度、方向を調整し、しっかりターゲットが伸びていることを確認しながら行ないましょう。広範囲に渡って伸ばすことが大切です

| Dynamic | **Static** | 筋弛緩法 | Training |

太もも裏の筋肉を ストレッチ
-ハムストリングスの静的ストレッチ-

太もも周辺の肉離れ等の予防に最適なハムストリングスのストレッチです。また、このストレッチにより、柔軟性を高めることで骨盤前後の柔軟性のバランスも良くなります。

1
仰向けに寝そべり、片脚の太もも裏を両手でつかみます。もう一方の脚のヒザは曲げておきます

症状別の障害予防・静的ストレッチ

TARGET

■ ハムストリングス

どのスポーツにも共通する肉離れ等の障害が起きやすい筋肉。大腿四頭筋との柔軟性のバランスが必要です

2

ヒザを軽く伸ばし、胸の方に引き寄せ、ターゲットをしっかり伸ばします

POINT

ヒザを伸ばすと脚が浮いてしまう方は、必ずヒザを立てて行ないましょう

症状別の障害予防ストレッチ

ランナーズニー（腸脛靭帯炎）等の原因と予防

ランナーに起こりやすいヒザ痛には、ランナーズニーと言われる症状があります。これは、ランニング中のヒザの屈伸が繰り返されることで、ヒザ付近を通る靭帯と大腿骨が擦れ、炎症を起こす症状です。痛みが出る場所は、ヒザの外側になります。原因としては、大腿骨が外側に大きく出ている、過度なＯ脚、カカトの骨が過度に内側に倒れている等が挙げられます。

予防は、使い過ぎで硬くなった筋肉をストレッチでほぐし、筋肉の緊張を和らげること。腸脛靭帯の付いている部分ばかりでなく、お尻周りの筋肉や下肢の筋肉までほぐすことが効果的です。さらに充分な休息を取り、確実に炎症を直すことも重要です。

ヒザ痛の仕組み

ランニング時に脚に掛かる力の方向があります。過度のO脚や足が内側に倒れる動きが過度に出ると、腸脛靭帯にストレスを与える場合があります。大腿骨の下部と太ももの外側からヒザに向かって伸びている腸脛靭帯が摩擦を起こし症状が発生する仕組みです

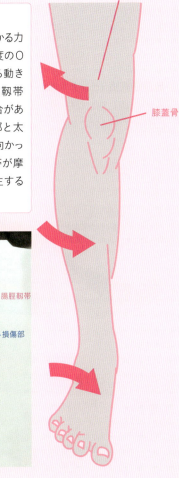

大腿四頭筋
膝蓋骨
腸脛靭帯
大腿骨上外顆
損傷部

| Dynamic | **Static** | 筋弛緩法 | Training |

タオルを使って
ヒザ周りのストレッチ
-大腿筋膜張筋の静的ストレッチ-

腸脛靭帯炎（ランナーズニー）を予防させるためのストレッチです。床に横になり、タオルを使用して腰からヒザの外側に掛けて全体的に伸ばしていきます。

1

横向きの体勢になり、カカトにタオルを掛け、タオルを引きつつ上体を起こします

ヒザが曲がった状態では、正しいストレッチ効果が出ません

タオルが掛かっている位置がヒザに近すぎるとやりづらくなります

症状別の障害予防・静的ストレッチ

TARGET

■ **大腿筋膜張筋**

歩行、ランニング時に脚を真っすぐに運ぶ働きをする筋肉。このストレッチで骨盤を安定させることもできます

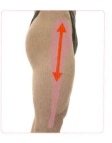

2

脚の側面全体が伸びていることを意識しましょう

※その他にもP80、P82、P154のストレッチでも同じ所がストレッチできます

症状別の障害予防ストレッチ

アキレス腱炎・断裂等

アキレス腱の痛みは、アキレス腱自体の炎症と、アキレス腱を覆う腱傍組織（けんぼうそしき）の炎症があります。アキレス腱自体の炎症の場合は「アキレス腱炎」、腱傍組織の炎症の場合は「アキレス腱周囲炎」と呼ばれます。思春期をすぎるとアキレス腱の老化が始まると言われ、さらに使い過ぎによって硬くなり、激しい運動が原因で小さな断裂が積み重なっていることもあり得ます。これらの部位に過度の疲労や負荷がたまると、断裂の危険性があるため、痛みが出た場合には無理は禁物です。

具体的な原因としては、ふくらはぎの下腿三頭筋（腓腹筋、ヒラメ筋）の柔軟性低下による足関節の可動域が小さくなることが挙げられます。そのため、アキレス腱炎を起こしやすい方は、ふくらはぎのストレッチを充分に行ないましょう。

アキレス腱炎が発生する場所

足首の裏側に通っているアキレス腱は、足関節の可動域が狭くなると、負荷が増えることがあります

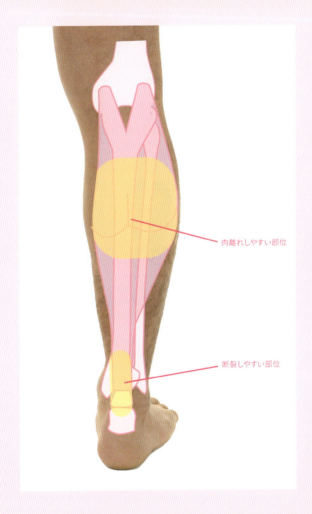

肉離れしやすい部位

断裂しやすい部位

座って行なう
ふくらはぎ下部のストレッチ
-ヒラメ筋の静的ストレッチ-

足関節の動きをスムーズにするストレッチです。座りながら、下腿三頭筋を伸ばすことで、ヒラメ筋下部をしっかり伸ばすことができます。

1

片ヒザを立てて座ります。この時、立てている脚のカカトは地面に付けておきます

カカトが浮いた状態では、ターゲットが充分に伸ばせません

症状別の障害予防・静的ストレッチ

TARGET

■ **ヒラメ筋**

長距離ランナーが特に使い、発達する部位。立位で行なうストレッチと合わせて行なうと高い効果が得られます

2

その状態から身体を前に倒していき、胸でヒザを押すイメージで、ターゲットをしっかり伸ばします

※その他にもP90、P92、P94、P96、P142、P200のストレッチでも同じ所がストレッチできます

症状別の障害予防ストレッチ

ランニングの障害予防トレーニング

ランニングで起こるスポーツ障害には、腰痛症、梨状筋症候群、恥骨結合炎、シンスプリント、鵞足炎、ランナーズニー（腸脛靭帯炎）、アキレス腱炎・断裂の他にも、様々あります。例えば、足裏に痛みが走る足底筋膜炎や、膝蓋靭帯炎、ジャンパー膝等が代表的なスポーツ障害として挙げられます。

いずれも、症状が起こる原因として、繰り返し同じ動作を行なうことで、疲労が重なるオーバーユースや筋肉の緊張、柔軟性の低下による関節可動域の制限、また骨格の歪み、O脚、X脚等によるランニングフォームの崩れ等、様々な要因が考えられ、一概には言えません。

しかし、ランニング前後のストレッチに加えて、補強運動を習慣化することで、このようなスポーツ障害の発生を減らすことができます。

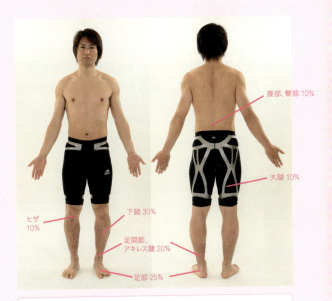

ランナーが悩むケガの場所

ランナーに起こりやすいスポーツ障害の割合に、ヒザから下の下腿30％、足首から下の足部25％、アキレス腱や足関節20％という結果があります

※参考文献 「ナショナルチームドクター・トレーナーが書いた種目別スポーツ障害の診療」 編集主幹／林光俊 発行／南江堂 発行年月／2007年01月

| Dynamic | Static | 筋弛緩法 | **Training** |

足の指を操作し
足裏のアーチを保つ
-タオルギャザー-

足底筋膜炎等の障害予防に対しての運動療法である、タオルギャザーを行ないます。足裏にタオルを敷き、引き寄せていく運動です。

1

タオルを真っすぐ床に敷き、
その上に片足を乗せます

障害予防トレーニング

TARGET

■ 足底筋群（縦横アーチの強化）

縦横のアーチが下がることで、扁平足状態になり足底の弾力性が低下し、ヒザ、腰への障害発生率が高くなります

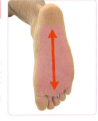

2

足の指を曲げ、タオルを手前に引き寄せます。この時、指だけでなく、足裏全体を使うことを意識しましょう

3

引き寄せては離し、引き寄せては離し、と繰り返し行ないましょう

| Dynamic | Static | 筋弛緩法 | **Training** |

足関節周囲の筋力トレーニング
-ヒールレイズ-

足部、足関節周辺の筋力トレーニングである、ヒールレイズ。まずは、イスに座って、非荷重の状態から始めましょう。慣れてきたら立った状態で行ないます。

1

イスに浅く座ります

障害予防トレーニング

TARGET

■ 下腿三頭筋

強いインパクトでも耐えられるよう個別の強化が必要

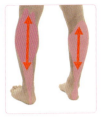

2

姿勢を崩さずにゆっくりカカトを上げ、3〜4秒間キープします。これを20回、2〜3セットを目安に行ないましょう

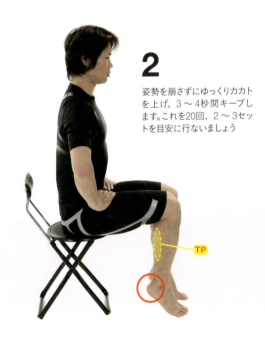

| Dynamic | Static | 筋弛緩法 | **Training** |

片脚で行なう下半身のトレーニング
-ワンレッグスクワット-

立った状態から、片脚でスクワットを行ないます。このトレーニングは、ランニング時の体幹の安定との観点も含め、積極的に行なうことをお勧めします。

1
骨盤に手を当て、片脚で立ちます

2
バランスを取りながら、ゆっくりヒザを曲げていきます

ランナーのためのストレッチ

障害予防トレーニング

TARGET

- ハムストリングス
- 大腿四頭筋
- 臀筋部

股関節とヒザ関節をまたぐ筋肉。片脚でイスに座るイメージでお尻を意識して行ないます

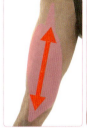
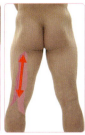

3

ゆっくりヒザを伸ばしていきます。完全に伸ばしきらずに、ある程度伸びたら、再び曲げるという動作を繰り返し行ないます。20回を2〜3セットを目安に行ないましょう

VARIATION

バランスが取りづらい場合は、壁に手をつきながらやる方法もあります

5

COLUMN

ストレッチをして歪みを改善するとヤセやすくなるのか?

　歪みを治すと本当にヤセるのでしょうか？　実は歪みを改善することによってヤセたという有効な根拠（エビデンス）は存在しません。その背景にはデータとして出しづらいことも関係しています。たとえば歪みが改善されても一日3,000kcalも摂取していれば太りはするが、ヤセることはないでしょう。また歪みは改善したが、「摂取カロリーをコントロールした」「有酸素運動も行なった」「ストレッチもした」となると、どの効果によって歪みが改善したのかを見極めることは困難です。摂取カロリーも運動量も全く同じで、歪みを改善する何かしらのエクササイズや体操をしたらヤセたと言う人がいても、その歪みを改善するトレーニング自体が運動になり、普段よりも消費カロリーが上がってヤセた場合もあります。

　このようにヤセるという現象は、運動、食事、生活様式、ストレス等、様々な要因が関係するので正確に判別するのは難しいのが現状です。しかし、歪みが過剰にあることによって、臓器に圧迫のストレスが加わり続け、何かしらの健康影響はあるのではないか？　とは言われています。筋肉は骨と骨にまたがって付いています。その骨の位置がずれて歪んでいれば、筋の収縮の方向に影響が出ます。つまり筋力

トレーニングをする際に、筋の線維に沿った正しい方向で動かすことができないので、筋トレの効果は歪みのない人よりも低下するだろうという仮説は成り立ちます。実際に私も書籍や指導現場でも「歪みを改善することによって、体がシェイプアップされやすくなりますよ」と説明することもあります。

　しかし、それは歪みを改善する事によって勝手に脂肪が燃焼しやすくなってくれると言っているのではなく、体型を変化させることができるという意味で使っています。

　例えば、骨盤が過剰に後傾している(歪んでいる)状態になると内臓の位置が若干下がってきます。そうなると下っ腹が出ているように見えてしまいます。骨盤が歪んでいることによって下っ腹が出ているのに、その部分には何もアプローチせずに腹筋運動ばかりやっていても体型が改善されないのは無理もありません。

　そういった意味で歪みを改善すると、シェイプアップに繋がるということは充分に考えられるのです。

243

株式会社スポーツモチベーション

東京オリンピックを間近に控える一方で、高齢化社会も進みつつある現在の日本において、運動の楽しさ、必要性、正しいトレーニング方法などを様々なアプローチから伝導していくプロフェッショナルフィジカルトレーナー集団。その活動は、トレーニングジムの運営をはじめ出版・メディア出演・講演会・イベント企画・科学的根拠に基づいたトレーニングプログラムの開発やマシン販売など多岐にわたる。医療や理学療法、栄養学や心理学等各専門分野と適切な連携を図り、質の高い本物のサービスの提供を常に心がけている。
http://www.sport-motivation.com/

CLUB100

東京神楽坂、スポーツモチベーションが運営する完全会員制パーソナルトレーニング施設。長きに渡り、その時代における最先端の科学的根拠に裏打ちされた技術と知識のみを提供し、信頼と実績を築いてきた。運動指導の枠にとどまらず、食事などの生活習慣〜モチベーションの保ち方までを包括的にアドバイス、ダイエットやボディメイクはもちろん、生活習慣病やロコモ対策〜ゴルフやランニングのパフォーマンスアップに至るまで、お客様のあらゆる目的を叶えるスペシャリストが集結。お客様のペースに合わせた無理のない指導には定評がある。
http://club100.sport-motivation.com/wp/

中野ジェームズ修一

㈱スポーツモチベーションCLUB100最高技術責任者
PTI認定プロフェッショナルフィジカルトレーナー
米国スポーツ医学会認定　運動生理学士（ACSM/EP-C）

フィジカルを強化することで競技力向上や怪我予防、ロコモ・生活習慣病対策などを実現する「フィジカルトレーナー」の第一人者。「理論的かつ結果を出すトレーナー」として、卓球の福原愛選手やバドミントンのフジカキペアなど、多くのアスリートから絶大な支持を得ている。2008年の伊達公子選手現役復帰にも貢献した。2014年からは、青山学院大学駅伝チームのフィジカル強化指導も担当。早くから「モチベーション」の大切さに着目し、日本では数少ないメンタルとフィジカルの両面を指導できるトレーナーとしても活躍を続けている。自身が技術責任者を務める東京神楽坂の会員制パーソナルトレーニング施設「CLUB 100」は、「楽しく継続できる運動指導と高いホスピタリティ」が評価され活況を呈している。主な著書に『世界一伸びるストレッチ』（サンマーク出版）、『青トレ』（徳間書店）などベストセラー多数。NHK柔軟講座でもおなじみ。

本書は、『ストレッチでセルフマネジメント』（平成22年10月／スタジオタック クリエイティブ刊）を改題・再編集し、文庫化したものです。

マイナビ文庫

あなたに必要なストレッチがわかる本

2018 年 8 月 31 日　初版第 1 刷発行

監　修　　中野ジェームズ修一
発行者　　滝口直樹
発行所　　株式会社マイナビ出版
　　　　　〒 101-0003 東京都千代田区一ツ橋 2-6-3 一ツ橋ビル 2F
　　　　　TEL 0480-38-6872（注文専用ダイヤル）
　　　　　TEL 03-3556-2731（販売）／ TEL 03-3556-2735（編集）
　　　　　E-mail pc-books@mynavi.jp
　　　　　URL http://book.mynavi.jp

カバーデザイン　　米谷テツヤ（PASS）
印刷・製本　　　　図書印刷株式会社

◎本書の一部または全部について個人で使用するほかは、著作権法上、株式会社マイナビ出版および著作権者の承諾を得ずに無断で複写、複製することは禁じられております。◎乱丁・落丁についてのお問い合わせは TEL 0480-38-6872（注文専用ダイヤル）／電子メール sas@mynavi.jp までお願いいたします。◎定価はカバーに記載してあります。

©James Shuichi Nakano 2018 ／ ©Mynavi Publishing Corporation 2018
ISBN978-4-8399-6599-0
Printed in Japan

プレゼントが当たる! マイナビBOOKS アンケート

本書のご意見・ご感想をお聞かせください。

アンケートにお答えいただいた方の中から抽選でプレゼントを差し上げます。
https://book.mynavi.jp/quest/all

MYNAVI BUNKO

お腹がやせる
「体幹」体操

谷本道哉／石井直方 著

次から次へとブームが来ては去っていく「その時期だけ頑
張る」ダイエット法とは違い、一生きれいで健康でいるた
めに、無理なく続けられる「体幹」コンディショニング法。
たったの1分間から始められる「体幹」体操と、「ながらス
ロトレ」を中心とした、リバウンド知らずの「本当に正し
いやせ方」を紹介。

定価 本体680円＋税